创业开公司

新时代管理与增长战略

刘飞 ◎ 著

电子工业出版社
Publishing House of Electronics Industry
北京·BEIJING

内 容 简 介

创业是一个长期以来广受关注的话题，许多人涌入这一赛道积极尝试，但创业过程中存在很多问题。合理解决问题，实现有效管理和公司业务的爆发式增长，是创业者创业成功的体现。

本书聚焦创业，以通俗易懂的语言讲解创业知识，并从多方面入手讲述新时代管理与增长战略，包括创业规划、商业模式、资本运作、股权设计、风控机制、团队管理、产品管理、客户管理、营销管理、公关管理、利润增长、品牌 IP 化、流量架构、技术转型、扩张裂变、生态化建设，可谓趣味性、实操性、创新性兼具。

本书面向创业者、对创业感兴趣的人、公司管理者等群体，可以帮助他们掌握公司运营、管理的必备知识，助力公司实现快速增长。

未经许可，不得以任何方式复制或抄袭本书之部分或全部内容。
版权所有，侵权必究。

图书在版编目（CIP）数据

创业开公司：新时代管理与增长战略 / 刘飞著.
北京：电子工业出版社, 2025. 1. -- ISBN 978-7-121-49494-9

Ⅰ. F241.4-49

中国国家版本馆 CIP 数据核字第 2025R4N082 号

责任编辑：黄益聪
印　　刷：三河市鑫金马印装有限公司
装　　订：三河市鑫金马印装有限公司
出版发行：电子工业出版社
　　　　　北京市海淀区万寿路 173 信箱　　邮编：100036
开　　本：720×1000　1/16　印张：14.25　字数：224 千字
版　　次：2025 年 1 月第 1 版
印　　次：2025 年 1 月第 1 次印刷
定　　价：69.00 元

凡所购买电子工业出版社图书有缺损问题，请向购买书店调换。若书店售缺，请与本社发行部联系，联系及邮购电话：（010）88254888，88258888。
质量投诉请发邮件至 zlts@phei.com.cn，盗版侵权举报请发邮件至 dbqq@phei.com.cn。
本书咨询联系方式：（010）68161512，meidipub@phei.com.cn。

前　言

当前，互联网及数字技术不断进步，为公司在全球范围内进行业务拓展与商业交易提供了便利。

数字技术的发展为各行各业带来了新商机。随着人工智能、大数据等技术的广泛应用，越来越多的行业开始进行数字化转型。这为创业者提供了广阔的创新空间。例如，基于人工智能技术的智能家居、智慧医疗等领域，吸引了众多创业者的关注。

越来越多的创业者想要通过创业开公司抓住时代机遇，实现自我价值。但创业并不是一件容易的事情，很多创业者在创业之初都信心满满，最后却铩羽而归。原因就在于这些创业者没有做好充分的准备，或者在成功迈出第一步后不知接下来该如何做。要想创业成功，创业者就要掌握丰富的创业知识和切实可行的实操方法。

本书聚焦创业开公司过程中的各种难题，系统地讲解创业理论与实战方法。本书分为基础篇、管理篇、增长篇，讲解新时代下公司的创立、管理与增长战略。

基础篇讲解了创业过程中的一些关键事项，包括创业规划、商业模式、资本运作、股权设计、风控机制。

要想实现长久发展，创业者就要从多方面入手做好公司管理，激发组织效能。管理篇中的团队管理、产品管理、客户管理、营销管理、公关管理都是创业者需要重点关注的内容。针对公司管理，本书不仅讲解了系统化的方法，还融入了一些案例，内容兼具趣味性和实操性。

创业者创业开公司的目的是盈利。增长篇聚焦利润增长、品牌IP化、流量架构、技术转型、扩张裂变、生态化建设，详细拆解公司增长的多种方法论，指出公司增长的多种路径。

从整体来看，本书内容丰富，涉及公司创立、管理、增长等多方面的知识。本书不仅讲解了创业开公司的各种理论，还系统地讲解了各种可行性方法，并融入了诸多案例，为创业者提供切实的参考。

通过阅读本书，创业者可以学习到丰富的创业知识，掌握科学管理公司并实现长期增长的方法，从而更顺利地进行创业实践，走向创业成功。

目　录

基础篇　挖掘创业核心点

第1章　创业规划：完成比难更难的事 3
1.1　成功的创业者的天生特质 3
1.2　找到自己熟悉且热爱的领域 5
1.3　概念先行 vs 问题驱动 6
1.4　经营战略：实现差异化 7
1.5　新经济时代，重新理解竞争 9
1.6　创业八字箴言：善于模仿，敢于超越 10

第2章　商业模式：组合利润关键要素 13
2.1　商业模式与"利他"主义 13
2.2　定位：瞄准高利润区 15
2.3　商业模式关键词：聚焦与共享 16
2.4　封闭型商业模式 vs 开放型商业模式 17
2.5　"免费"引发的商业模式思考 19
2.6　链式结构背后的利润空间 20
2.7　强势突围的 Netflix 型商业模式 21

第3章　资本运作：如何使公司更值钱 26
3.1　资本市场时代的红利已经成为过去式 26
3.2　赚钱的公司和值钱的公司，哪个好 27
3.3　别忽视公司的无形资本 29
3.4　资本规划的 4 个"陷阱" 31
3.5　融资：筹集资本的"武器" 33
3.6　投资：让资本持续升值 35

  3.7 低估值公司如何"起死回生" 37
  3.8 公司需要中长期资本战略 38

第4章 **股权设计：控制权与激励并行** 40
  4.1 股权架构问题：关注需求，保证控制权 40
  4.2 关于控制权的博弈 41
  4.3 警惕股权设计的四大陷阱 44
  4.4 预留股权：放大股权调整的空间 45
  4.5 股权激励方法：股票期权+限制性股票+虚拟股 46
  4.6 股权激励的六大关键点 48
  4.7 新时代的动态股权设计 50
  4.8 跟着华为学习股权激励之道 51

第5章 **风控机制：将潜在隐患扼杀** 54
  5.1 不确定性是最大的隐患 54
  5.2 风控关键点一：概率分布 56
  5.3 风控关键点二：外推法 57
  5.4 风控关键点三：概率评估 58
  5.5 小心被合同"算计" 60
  5.6 现金流困境：一分钱难倒英雄汉 61
  5.7 重视税务筹划，别碰"高压线" 63
  5.8 遭遇产品侵权事件怎么办 66

管理篇　激发组织效能

第6章 **团队管理：让人才为公司赋能** 73
  6.1 扁平化组织架构与"大公司病" 73
  6.2 多渠道招聘，丰富人才库 75
  6.3 打造有吸引力的薪酬体系 77
  6.4 培训：不同员工各有侧重 78
  6.5 淘汰机制激发团队执行力 79

6.6　有效沟通保证团队凝聚力...80
　　6.7　能否让亲戚到公司工作...83
　　6.8　妥善处理离职员工...83

第 7 章　产品管理：以数据驱动产品进化...85
　　7.1　数据分析流程：确定目标+采集数据+详细分析+改进数据.........85
　　7.2　数据分析框架：AARRR 模型+漏斗分析框架.......................87
　　7.3　数据分析方法：对比分析+趋势分析+交叉分析.....................89
　　7.4　更新迭代思维：社交化+游戏化...90
　　7.5　质量管理概念：QC、QA 和 QM..92
　　7.6　打造热卖品的 4 个核心指标...93
　　7.7　元气森林的热卖品打造经验...94

第 8 章　客户管理：比客户更了解客户...97
　　8.1　用大数据描摹客户画像...97
　　8.2　打造会员管理系统...98
　　8.3　引导客户从陌生到忠实...100
　　8.4　完善 CRM 系统：构建销售闭环......................................101
　　8.5　必须提防的客户管理六大雷区...103

第 9 章　营销管理：被记住才是硬道理...105
　　9.1　不做营销调研=闭门造车...105
　　9.2　如何规避问卷设计相关问题...107
　　9.3　整合营销：内容+策略+渠道...108
　　9.4　品牌价值=使用价值+情感诉求+独特优势+文化价值...........110
　　9.5　瞄准新媒体，放大品牌效应...112
　　9.6　营销新方向——数字化营销...114
　　9.7　过度依赖营销不是明智之举...115
　　9.8　"运动+科技"碰撞出营销新火花.....................................117

第 10 章　公关管理：跳出俗套做公关...120
　　10.1　定位公关的逻辑起点：心智+竞争.................................120
　　10.2　定位：品牌从 0 起步到知名的 9 个步骤.........................121

10.3　渠道：双微平台+直播平台+短视频平台 124
10.4　如何选择公关代言人 125
10.5　如何打一场漂亮的公关战 126
10.6　危机公关指南 127

增长篇　实现爆发式扩张

第 11 章　利润增长：得利润者得天下 133
11.1　与利润相关的关键指标 133
11.2　做预算，明确未来的盈利点 135
11.3　客单价不合理，怎么办 136
11.4　通过客户分层挖掘利润机会 137
11.5　复购=复利=高收入 138
11.6　壁垒高才能"圈"出高利润 139
11.7　加强成本管理，杜绝浪费 140

第 12 章　品牌 IP 化：抢占影响力于无形 143
12.1　自测：你真的了解品牌 IP 化吗 143
12.2　品牌 IP 化"三大派" 144
12.3　AISAS 传播原理激发分享欲 146
12.4　差异化战略：抢占头部位置 148
12.5　创始人 IP 价值无限 150
12.6　双品牌建设是大势所趋 151

第 13 章　流量架构：掀起流量时代新风口 154
13.1　新经济时代，流量是"生死线" 154
13.2　流量池：社交流量+线上流量+线下流量+商业流量 156
13.3　借助热点引爆公域流量 158
13.4　社群思维下的私域流量 160
13.5　流量能力之一做内容 162
13.6　流量能力之二搞直播 168

目录

13.7　流量能力之三造场景 171

第 14 章　技术转型：以数字化战略推动增长 175

14.1　数字经济时代已经到来 175
14.2　四大核心板块赋能数字化运作 176
14.3　技术转型之"转"战略 177
14.4　技术转型之"转"生产 179
14.5　技术转型之"转"业务 180
14.6　技术转型之"转"服务 181
14.7　技术转型之"转"组织 183
14.8　技术转型之"转"文化 184
14.9　中台战略：实现资源与能力共享 185

第 15 章　扩张裂变：增长必须是可持续的 188

15.1　扩张的前提是方向正确 188
15.2　增长关键点：基于品牌进行延伸 190
15.3　纵向扩张 vs 横向扩张 193
15.4　以规模化客户实现裂变升级 195
15.5　增长借势之"巨人肩上"战略 198
15.6　挖掘纵深据点，变身"独角兽" 201
15.7　做扩张，盲目是大忌 202

第 16 章　生态化建设：打造商业同盟 205

16.1　商业同盟：你来我往，彼此成就 205
16.2　整合资源是查漏补缺的智慧 208
16.3　打通产业链，延伸上下游 210
16.4　如何跨界合作 212
16.5　生态链并购：战略同盟威力巨大 213
16.6　在利益分配机制下深度合作 214
16.7　故步自封导致的创业遗憾 216

基礎

基础篇

基础篇

挖掘创业核心点

第 1 章

创业规划：完成比难更难的事

随着经济的发展和市场的火热，越来越多的人进入创业赛道，希望通过打拼获得成功。但创业往往是艰难的，要想创业成功，创业者就要高瞻远瞩，提前做好创业规划，做到有的放矢。只有做好创业准备，创业者才能少走弯路，更顺利地走向成功。

1.1 成功的创业者的天生特质

市场中的创业者很多，但只有很少一部分人能够创业成功。为什么这些人能够创业成功？成功的创业者与失败的创业者有哪些不同？事实上，成功的创业者具有一些难能可贵的特质，如图 1-1 所示，基于这些特质，他们得以在激烈的竞争中脱颖而出。

1. 具有强烈的欲望和出色的执行力

成功的创业者往往具有改变当下的强烈欲望。这种欲望不是出于物质需求，而是对现状不满而试图改变的本能。基于这种欲望，创业者勇于迎接挑战，通过艰苦奋斗实现自己的创业目标。

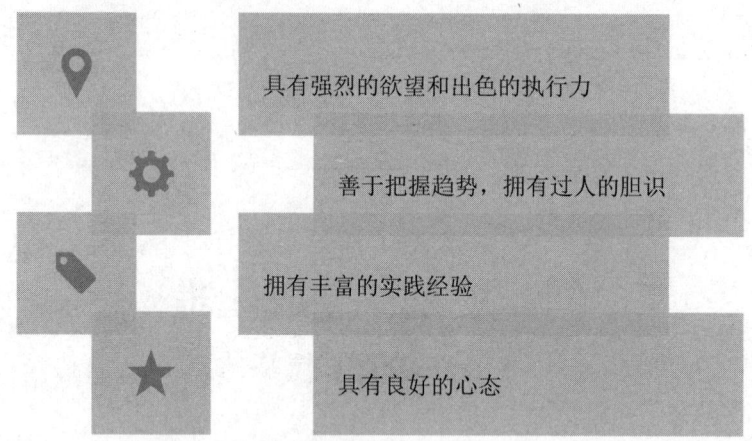

图1-1　成功的创业者具有的特质

受到想要改变当下这一强烈的欲望的驱使，成功的创业者具有出色的执行力。一旦确定了创业目标，他们就会积极地朝着目标迈进。即使是一个不成熟的创业想法，他们也会一步步去实践，在不断试错中找到正确的方向。

基于很强的执行力，他们会一遍遍地更新产品，并提供解决方案，最终推出符合市场需求，甚至引领市场潮流的优秀产品与解决方案。

2. 善于把握趋势，拥有过人的胆识

成功的创业者往往善于把握趋势，能够挖掘趋势中蕴藏的机遇。对创业者来说，趋势十分重要。国家鼓励发展什么、限制发展什么，哪些领域具有广阔的发展前景，哪些领域已经走向没落等，这些对创业者能否创业成功有深刻的影响。成功的创业者往往可以对市场趋势进行准确分析，并在创业过程中顺势而为。

同时，成功的创业者往往拥有过人的胆识。在明确市场趋势、发现市场机遇时，他们能够大胆入局。这使得他们能够抓住市场中稍纵即逝的创业机会，获得更大发展。

第 1 章 创业规划：完成比难更难的事

3．拥有丰富的实践经验

成功的创业者往往拥有丰富的实践经验。有的创业者毕业于名校，在创业之前已经在学校中进行了多次创业实践，具有较高的专业素养。有的创业者在创业之前已经在相关行业打拼多年，积累了丰富的业务运作经验、渠道资源等，并对该行业的运作模式十分了解。这些都为创业者创业成功提供了助力。

4．具有良好的心态

成功的创业者往往具有良好的心态，能够坦然接受创业过程中的失败，并迅速重整旗鼓，继续摸索。同时，面对突如其来的情况，他们能够沉着应对，积极寻找解决方案。面对挫折，他们会聚焦于怎样解决问题，而不会沉溺在失意中，对创业灰心。

成功的创业者还具有很强的忍耐力。他们能够忍受创业过程中的各种磨难和很大的压力，能够在众人不解的目光中坚持走自己的道路。

1.2 找到自己熟悉且热爱的领域

创业十分忌讳盲从，即看到别人在某一领域创业成功了，便跟随别人的脚步在同一领域创业。这很可能导致创业失败。正确的做法是，创业者需要找到自己熟悉且热爱的领域，找到自己擅长的事情，在此基础上创业。

那么，创业者怎样才能找到自己熟悉且热爱的领域，顺利开启创业之路呢？创业者需要挖掘自己的兴趣和优势。有的创业者热衷于研究先进技术，有的创业者对市场营销十分感兴趣。创业者需要充分分析自己的兴趣、专业技能、行业经验等，将自己擅长的领域作为创业的方向。

例如，谷歌的创始人拉里·佩奇和谢尔盖·布林在学生时代就共同创立了公司，主攻搜索引擎技术。当时，这一创业方向的商业化前景还不明朗，但两位创始人都十分热衷于研发搜索引擎技术，并相信这一技术的潜力，因此将这一技术作为创业的方向。最终，随着搜索引擎技术的突破与应用，谷歌快速发展，创造了丰厚的商业价值。

在确定了自己感兴趣的领域后，创业者不能盲目入局，而应对这一领域进行深入的分析。一般来说，创业者需要分析以下两个方面。

一方面，针对选好的领域，创业者需要分析其市场需求，了解市场空间，以明确在这一领域创业的潜力。例如，当前市场中节能环保这一领域的发展潜力巨大，对这一领域感兴趣的创业者，可以考虑发展可再生资源、研发绿色材料等。

另一方面，创业者需要分析市场趋势，并对创业方向进行调整，瞄准更有发展潜力的领域创业。例如，创业者对在线医疗这一领域十分感兴趣，就可以根据人工智能火热发展这一趋势，将在线医疗与人工智能相结合，将智慧医疗、打造在线智能医疗平台等作为创业方向。

总之，在找到自己熟悉且热爱的领域后，创业者需要进一步分析市场需求、市场趋势等，并对创业方向进行适当调整，使创业方向更加科学。

1.3 概念先行 vs 问题驱动

在创业过程中，一些创业者往往只看到问题的表面，没有进行深入思考，没有明确自己创业是要解决什么问题，这样很容易创业失败。而还有一些创业者会关注问题本身，挖掘问题产生的原因并寻找解决办法，以梳理创业思路，这样更容易创业成功。

以上两类创业者的行为体现了"概念先行"与"问题驱动"两种不同的理念。什么是概念先行？什么是问题驱动？

概念先行指的是创业者关注市场中的热门概念，如新能源汽车、数字医疗等，并积极进入这些领域。他们认为，只有先行动起来，才能够加快创业步伐。问题

第1章 创业规划：完成比难更难的事

驱动指的是创业者不会刻意追逐热点，而是聚焦痛点，致力于帮助客户解决问题，以推出更先进的解决方案，推动公司发展。

由于概念的发展与认知的普及需要很长时间，因此依据概念先行理念创业的创业者推出的相关产品往往难以被更多客户接受。同时，概念驱动的创业项目需要大量资本支持，而获得投资是一件很难的事情。在产品推广难且缺少资金的情况下，创业者创业失败的概率很高。

相比而言，问题驱动是一种更为稳妥的创业方式，先发现客户的痛点与需求，再通过产品或解决方案满足客户需求。这种方式逻辑清晰，创业者更容易创业成功。

在创业道路上，创业者不能一味追求新概念，而应聚焦市场与客户的真实需求，提供物有所值的产品，提出切实可行的解决方案。在此基础上，创业者才能够吸引更多客户，实现公司的稳步发展。

1.4　经营战略：实现差异化

市场竞争激烈，创业者创业面临着巨大的挑战。要想在市场中立足，创业者需要制定完善的经营战略。

一方面，创业者需要找准目标市场，并明确自己的产品在这一市场中的定位。创业者需要做好市场调研，了解目标市场的需求和竞争情况。在此基础上，创业者可以研究目标市场消费者的消费行为与偏好，更精准地满足市场需求。

另一方面，创新是公司生存和发展的驱动力。创业者可以创新商业模式、推出具有差异性的新产品等。创新能够体现公司经营战略的优势，使创业者的公司和产品在市场中更具竞争力。

此外，创业者还需积极寻找具有相关经验与技能的人才，打造一支充满活力和创新能力的团队，并不断提升团队的合作与创新能力。同时，创业者需要瞄准目标市场的需求与产品特点，制定差异化的营销策略，通过有效的市场推广提高品牌知名度和所占市场份额。

在公司经营中，创业者要注重客户体验，为客户提供优质的服务。创业者要重视客户反馈，根据客户反馈及时改进产品、完善售后服务等，吸引并沉淀更多客户。

许多创业成功的公司都是以经营战略取胜的。例如，Airbnb 通过差异化的共享经营战略迅速崛起，吸引了海量租客。Airbnb 是一个共享住宿平台，通过共享模式将房主、有租住房屋需求的租客（以下简称租客）连接起来。房主可以将闲置房屋的信息发布在 Airbnb 上，而租客可以根据自己的需求选择合适的房屋。

Airbnb 经营战略的创新之处体现在 3 个方面，如图 1-2 所示。

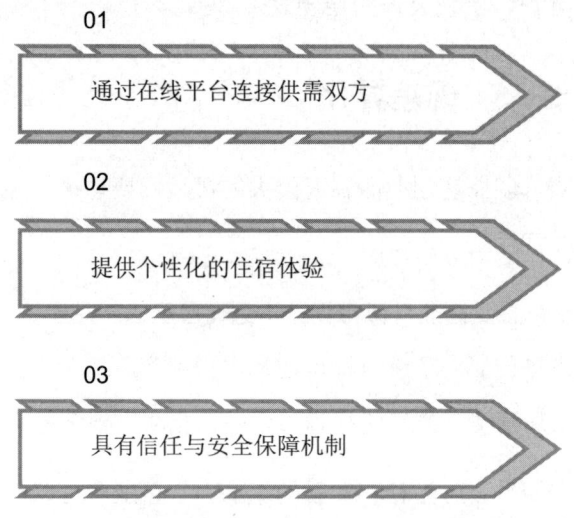

图 1-2　Airbnb 经营战略的创新之处

1. 通过在线平台连接供需双方

Airbnb 通过在线连接房主与租客，实现了供需双方的精准匹配。这不仅为房主提供了更多的服务，也为租客提供了多样化的住宿选择。

2．提供个性化的住宿体验

Airbnb 积极为租客打造个性化的住宿体验，支持房主根据房屋特色或自己喜欢的风格对房屋进行设计和布置。在此基础上，租客可以选择与自己喜好相符的房屋，获得更好的住宿体验。

3．具有信任与安全保障机制

Airbnb 为平台建立了信任与安全保障机制，以保护房主和租客的利益。房主和租客都可以通过评价与评分系统了解对方的信誉度，在此基础上建立信任关系，安全地完成交易。

Airbnb 正是基于经营战略的创新，实现了长远发展。在创业过程中，创业者要注重经营战略的差异性，实现"人无我有，人有我优"，开辟更广阔的市场发展空间。

1.5 新经济时代，重新理解竞争

随着科技迅速发展和经济全球化加速推进，新经济时代悄然开启。在这一时代，先进技术的普及应用、数字化生产与交易、在线化的工作模式成为趋势。新经济时代的发展核心是创新，它打破了传统产业的边界，带来了新的商业机遇。

在新经济时代，创业者需要重新理解竞争。

首先，创业者需要正确看待竞争对手和自身。一方面，在分析竞争对手时，创业者不能只看到竞争对手的劣势，忽视竞争对手的优势，对竞争对手做出错误评判；另一方面，创业者需要正确看待自身，明确自身的竞争优势与劣势。

通常情况下，以往成功的经验、当前较为完善的公司运作模式等，可能会让创业者对竞争对手放松警惕。但不论公司拥有怎样的竞争优势、处于什么样的行业，竞争永远存在。因此，创业者需要时刻保持竞争意识，保持对竞争对手的警惕，不断提升自身竞争力。

其次，新经济时代的竞争是一种全方位的竞争。公司间的竞争不只是业务竞争，还包括资源竞争、人才竞争等。只具有一方面的竞争优势，公司很难在市场中长期占据有利地位。创业者需要打造资源、人才、技术等多方面的竞争优势，全方位提升自身的竞争力。公司的竞争力越强、影响力越大，汇聚的资源、人才越多，越能够实现稳定发展。

最后，竞争需要回归本质。面对竞争，创业者需要明确其本质，即业务本质。一些创业公司往往会多线发展，同时布局多项业务，想要抓住更多机会。这其实是创业者没有认清竞争本质的一种表现。

创业公司的资源有限，布局多项业务会造成资源浪费，将资源集中于核心业务才是明智之举。因此，创业者要了解竞争的本质，明确公司的核心业务是技术驱动，还是运营驱动、资源驱动、品牌效应驱动，这样更容易打造竞争优势。

1.6 创业八字箴言：善于模仿，敢于超越

在创业过程中，创业者需要牢记八字箴言：善于模仿，勇于超越。很多创新都是建立在借鉴前人智慧的基础之上的，先模仿再超越是一种快速起步的创业思维，值得创业者学习。

创业者创业先从模仿开始具有诸多优势，如图1-3所示。

1. 减少风险

创业过程中存在各种风险，而创业者模仿创业成功的公司可以减少创业风险。通过模仿，创业者可以选择已经经过验证的商业模式、创业方向等，避免盲目摸索、走弯路。

2. 学习经验和知识

通过模仿创业成功的公司，创业者可以学习对方的成功运作经验，学习包括商业模式、经营战略、产品研发、营销技巧等方面的知识。这能够帮助创业者更

好地理解目标市场与客户需求，并明确怎样更好地满足客户需求。

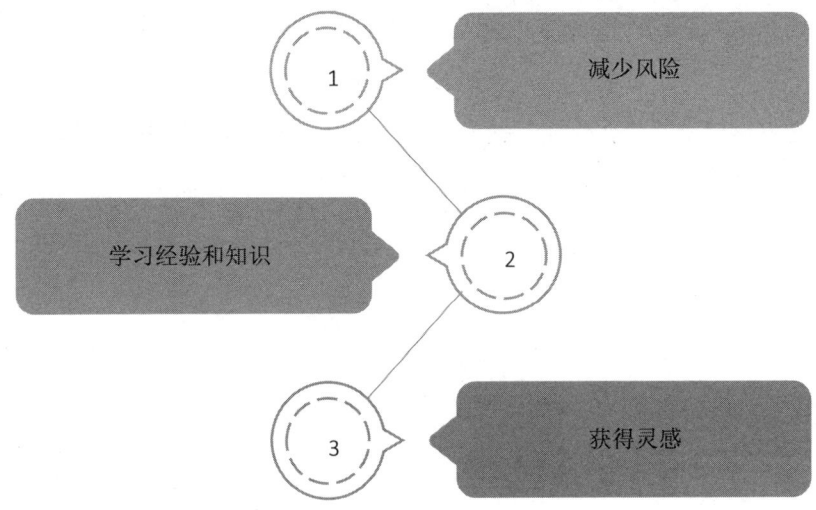

图 1-3　创业先从模仿开始的优势

3. 获得灵感

通过模仿创业成功的公司，创业者可以获得灵感。获得的灵感可以激发创业者的创新思维，为创业者设计新的商业模式、开发新产品等提供助力。同时，新的商业模式和新产品更符合市场需求，使创业者的公司获得更多收益和更好发展。

那么，创业者怎样才能做到善于模仿、敢于超越？

一方面，创业者要选择创业成功的公司进行模仿，最好选择与自己的公司处于同一市场、拥有成熟的商业模式、获得较高市场份额与收益的公司。

同时，创业者需要对选择的公司进行全面分析，包括：分析其商业模式，如怎样盈利、怎样分配资源、怎样营销等；分析其产品特点，如产品定位是什么、满足了客户的哪些需求等；分析其营销策略，如如何吸引客户、如何推销产品、如何维护客户等。

在充分了解了成功公司的运作模式后，创业者便可通过模仿对方，快速开展业务。

创业开公司：新时代管理与增长战略

另一方面，在成功模仿的基础上，创业者还需要对公司的运作模式进行创新，以超越创业成功的公司。例如，创业者可以对商业模式进行创新，打通多维收入渠道；可以对产品进行创新，如推出定制化功能，满足客户的个性化需求等。同时，创业者可以引入合作伙伴，提升自己在资金、资源等方面的竞争优势。

总之，模仿是为了让创业更快地起步，并不是创业的最终目的。在模仿的基础上，创业者需要改进公司的运作模式，不断推陈出新，最终形成公司的核心竞争力。

第 2 章

商业模式：组合利润关键要素

商业模式，即公司与公司之间、公司与渠道之间、公司与客户之间的连接方式，本质上是各方投入自己的资源、凭借自己的能力而形成的交易结构。这个交易结构随着其中某一方获得的价值大于投入而趋于稳固，同时也会不断地创造新价值。

对创业者来说，设计商业模式不是短期行为，而是有规划、有思考、有战略的长期行为。在设计商业模式前，创业者应该做好充分准备，了解公司的实际情况，包括经营情况、业务情况、财务情况等。这样才能为商业模式的顺利落地奠定良好基础。

2.1 商业模式与"利他"主义

我们可以思考这样一个问题：在一个有着 500 人的大厅里，能够最快吸引我们的注意力的方式是什么？答案是大喊一声我们的名字。因为在嘈杂的环境里，喊出我们的名字，我们的注意力会被迅速吸引。通过这个问题我们可以推测，客户更关心与自己相关的信息。因此，对公司来说，好的商业模式一定是少一些"自满",多一些"利他"的。

很多公司都非常注重拉新,将市场部门的 KPI(Key Performance Indicator,关键绩效指标)设定为新增客户数量。如果公司不注重基于"利他"主义和同理心进行高价值客户管理,那么被吸引来的客户可能会逐渐成为"睡眠客户"。此时,留存就变得很重要。

从 1998 年至今,互联网经历了一个完整的大周期,公司千方百计获取客户的时代已经过去了。未来,公司必须具有深度服务客户的能力。如果之前公司思考的是如何把客户从 1 万个发展成 10 万个,乃至 100 万个,那么现在公司思考的问题应该是,如何更好、更深刻地服务这 1 万个客户。

游客旅游的时候更青睐什么样的酒店?Ritz-Carlton(丽思·卡尔顿)酒店的 Slogan(口号)是"我们以绅士、淑女的态度为绅士、淑女忠诚服务"。这个 Slogan 听上去并不"高大上",却朴实、有效地传达了 Ritz-Carlton 的核心竞争力——服务。

游客很少投诉 Ritz-Carlton 的服务,因为它能够将服务做到极致。例如,在游客退房时,Ritz-Carlton 会安排奔驰轿车送他们。虽然这也许是 Ritz-Carlton 与奔驰 4S 店合作开展的营销活动,但是这能让游客觉得自己享受到了极致服务。

在为游客提供无可挑剔的服务的同时,Ritz-Carlton 的形象也被提升到一个新高度。在不知不觉中,游客发现自己更加自信、更有魅力。这既是 Ritz-Carlton 与游客的共生共荣,也是 Ritz-Carlton 践行"利他"主义的表现。

亚马逊以良好的客户体验闻名,贝佐斯曾经公开自己的个人信箱以接收客户投诉,并将投诉邮件转发给相关负责人。在转发邮件时,他不多说一句话,只附上一个问号,表示此事要立刻解决。员工在收到这样的邮件后往往如临大敌,会在最短的时间内解释事情的原委,并采取一系列补救措施。这个"恐怖问号"为大众所知,凸显了亚马逊对客户的重视。

沃尔玛企业中流行一种理念——每个售货员必须把任何一个走进沃尔玛购物

第2章 商业模式：组合利润关键要素

的客户当作他的终身客户来对待。假如你住在沃尔玛附近，某一天，你去沃尔玛购物，花费20元买了一支牙膏；你可能认为自己只花了20元，对售货员来说不是一个大客户。其实，售货员会想，你花费20元买一支牙膏，说明你就住在附近。如果你两个月用完一支牙膏，那么一年要用6支牙膏。这意味着，你每年仅是买牙膏就要在沃尔玛消费120元。假设你在沃尔玛附近住50年，你就要花费6000元买牙膏。如果你在其他方面花的钱是牙膏钱的50倍，那么50年要花费30万元。

在沃尔玛，售货员不会认为你只是一个买价值20元的牙膏的客户，而认为你是一个可以创造30万元价值的客户，因此他会兢兢业业地为你服务。

综上所述，公司想赢得客户的心，商业模式要有一定的"利他"基因。

2.2 定位：瞄准高利润区

很多中小型公司都会在经营方面存在这样或那样的问题，如管理流程混乱、内部分工不合理、产品开发效率低等。究其根本，就在于公司没有明确自身定位。如果公司能瞄准行业中的高利润区，以此为核心设计战略方案及商业模式，不仅能有效规避上述问题，还能在付出同等努力的情况下，获得更高价值的回报。

一般情况下，目标群体的价值越高，意味着公司能够获得的利润越多。因为目标群体的收入水平与消费理念往往会对其消费行为产生影响。优秀的公司会将目标群体分层，从高消费群体入手，将其需求和偏好与自己的产品或服务相结合。

一家没有明确定位的设计公司，可以为客户提供海报设计、网页设计、户外广告设计等服务。从表面上看，这样的公司似乎有很强的专业能力，可以同时涉猎很多方面。实际上，这样的公司在海报设计、网页设计等低利润区投入过多，其整体效益并不理想。

目前，海报设计、网页设计等市场相对饱和，且收费不高。通常，设计一张海报可以为公司带来大约1000元的收益，设计一个网页可以为公司带来大约5000元的收益。在大多数客户看来，海报设计、网页设计并不复杂，购买这项服务很难让他们感觉物有所值，客户对这两项服务的价值感知不强，因此公司能获得一定的收益，但无法长久留存客户。

很多客户愿意为操作起来更简单的 Logo 设计投入更多资金。对客户来说，Logo 的意义更大，使用范围更广，使用年限也更长。由此不难发现，Logo 设计就是设计行业的高利润区。

除了设计行业，还有不少行业存在高利润区。例如，打印机的价格普遍在 1000 元左右，但其实需要重复添加的墨水、墨粉才是真正赚钱的产品；咖啡机本身不贵，但胶囊咖啡会给公司带来巨大收益；主打炒菜机器人的公司，其预期的真正效益大概率来自炒菜料理包……将墨水/墨粉、胶囊咖啡、炒菜料理包这种优质、实惠、可反复使用的产品作为切入点培养客户，进而通过经常性收入获得利润的商业模式更有优势。

总的来看，各行业的投入产出比相差巨大，选择大于努力的情况比比皆是。即使同一行业，各细分领域的收入也有较大的差距。究其原因，就在于各细分领域对应的利润等级不同。公司应瞄准行业中的高利润区，以减轻业务负担，创造更多收益。

2.3　商业模式关键词：聚焦与共享

商业模式在一定程度上决定了公司的发展方向，与公司能否在竞争中占据优势地位息息相关。好的商业模式除了要有"利他"基因、瞄准高利润区，还应该符合两个条件——聚焦、共享。这两个条件是商业模式的基础运作逻辑。

1. 聚焦

很多公司在设计商业模式时都喜欢将简单的事情复杂化，似乎商业模式越庞大就意味着越完善、越能形成竞争壁垒。等到真正落实到实践中，这些公司就会发现，开展新业务容易，但对纷繁复杂的业务做删减、将资源聚焦到核心业务上很难。

德国连锁超市品牌奥乐齐是将自身业务化繁为简的杰出代表。其经营理念与其他大型超市的有所不同，只是为了满足人们基本的生存需要。因此，奥乐齐放弃了大多数品类，专注于经营食品及日常用品，且只经营少量而固定的品牌。这种商业模式帮助奥乐齐与很多信誉好的供应商建立了友好、互信的合作关系，极大地降低了进货成本。

聚焦的核心是将有限的资源用于集中实现最重要的目标，这要求公司综合考虑内部的利益、矛盾及外部的市场环境变化，有利于提高公司的整体运营效率。

2．共享

近几年，共享单车、共享电车、共享充电宝、共享雨伞等共享类产品层出不穷，其背后的共享型商业模式也受到广泛关注。在共享经济时代，互联网将供应与需求之间的连接无限放大，人们在线上就可以将自己闲置或盈余的资源提供给需要相应资源的人。这种供求关系使得资源在网络上无限循环，产生了惊人的利润。

根据咨询机构普华永道提供的调研数据，80%的调研者表示，共享经济让他们的生活变得更美好；69%的调研者表示，他们并不相信共享服务提供商能始终如一地提供共享服务。

许多行业的共享商业模式仍处于起步阶段，其发展趋势及演进路径还需等待更多公司进一步探索。值得注意的是，这种模式并不是投资入口或套现手段，公司应该以客户体验为核心，利用共享商业模式创造更大的价值。

2.4 封闭型商业模式 vs 开放型商业模式

如今，我们处在一个追求共享与协作的时代，公司的商业模式也要跟随时代变得更开放。开放型商业模式适用于能与外部合作伙伴相互配合，让自己的资源及技术发挥更大价值的公司。封闭型商业模式与开放型商业模式有很大不同，如表 2-1 所示。

创业开公司：新时代管理与增长战略

表 2-1 封闭型商业模式 vs 开放型商业模式

封闭型商业模式	开放型商业模式
让处于本领域的人才为公司工作	公司内部员工和外部人才一起工作
为了从研发中获益，公司必须自己设计、生产、销售产品	公司外部的研发成果可以创造价值，公司内部的研发成果需要提升这种价值
如果公司掌握了领域内绝大多数先进的技术或者专利等资源，就会赢	公司可以不从头开始工作，坐享其成即可
如果公司捕捉了领域内绝大多数好的创意，就会赢	如果公司能够充分地利用外部创意，就会赢
公司需要控制自己的商业模式，避免竞争对手从中获益	公司应该通过外部组织使用自己的商业模式来获益。无论何时，只要外部组织的资源可以让公司的盈利更丰厚，公司就应该将其购买

开放型商业模式主要分为由外而内（公司尝试引进外部组织提供的技术方案）和由内而外（公司向外部组织输出处于闲置状态的技术或资源等）。

在乔布斯掌管苹果公司的时候，苹果公司就倾向于封闭型商业模式，对软件和硬件都很重视。亚马逊和苹果公司非常相似，都是依靠自身力量，将对成本的掌控力度和业务执行的效率与效果做到了极致。例如，为了降低成本，亚马逊会自己负责一些不太重要的业务，而不会将这些业务交给其他公司。

与亚马逊和苹果公司不同，微软倾向于开放型商业模式。从创立初期开始，微软就瞄准软件，几乎不触碰硬件，很多时候都会把与硬件相关的业务外包出去。

宝洁公司与微软一样，选择开放型商业模式。由于业务扩张速度过快，宝洁公司的股价曾持续下跌。时任宝洁公司高管的雷富礼临危受命，成为新任 CEO。为了振兴宝洁公司，雷富礼建立了一种新型创新文化，即通过与外部组织建立战略伙伴关系来促进研发工作的开展。

为了更好地实现战略构想，宝洁公司还搭建了专门发布公司遇到的研发难题的互联网平台，将公司内部与外部的技术专家连接在一起。如果技术专家成功解决了研发难题，就可以获得相应的奖励。

在开放型商业模式下，成为合作伙伴的公司往往来自不同的行业和领域，彼此之间共享创意、技术、专利等资源，这样可以减少公司研发产品所需的时间，提高公司的研发效率。而且，允许外部组织使用自己的闲置资源，公司可以获得额外收入，投资者也可以从中获利。

2.5 "免费"引发的商业模式思考

免费型商业模式是指先通过免费的产品或服务吸引客户，再通过提供增值服务等方式获取利益的商业模式，主要有产品或服务免费、广告收费，以及产品或服务免费、增值服务收费两种形态。

如今，使用免费型商业模式的公司大多是新闻资讯公司，如新浪、网易、今日头条等。此类公司每天都会为人们输送大量信息，盈利来源主要有以下3种。

1．广告费用

新闻资讯公司往往会通过为广告主打广告的方式收取一定的费用，以弥补免费提供资讯的成本并获利。以新浪为例，其网站上有各种各样的广告，广告主要为这些广告支付费用。但切记，新闻资讯公司一定不可以为了获利而随意打广告。

2．渠道分成

使用免费型商业模式的公司通常会开通订阅功能，这样在用户订阅栏目的过程中，公司就可以通过类似出租的方式帮助某些订阅栏目做宣传，然后获取一定的分成。

3．拓展电商业务

一些新闻资讯公司经营时间长，积累了大量流量，有能力开辟新的利润来源。例如，网易在很早之前就开始涉足O2O（Online to Offline，线上到线下）领域，并在网站上增加了"发现"入口，用于和美团、京东等电商合作。这不失为一种拓展电商业务的有效方法。

在商业模式方面，无论是经济学家还是营销专家，都有类似的观点：与价格为 0.01 元或其他价格更低的产品相比，客户对价格为 0 元的产品的需求更强烈。例如，1994 年杨致远与大卫·费罗创办雅虎的时候，选择向客户免费开放，通过收取广告费用来盈利，实现变现。

从那时候开始，免费型商业模式迎来爆发式发展，这是杨致远与大卫·费罗对商界做出的一个伟大的历史贡献。他们不仅开启了门户网站的新时代，还创造了更有价值的商业模式。

2.6 链式结构背后的利润空间

链式结构包含价值链、客户链、产业链，分别与资产闲置率、客户流失率、利润流向率相对应。在充分了解了这 3 根链条后，公司可以判断自己当前的商业模式是否科学、合理。

价值链从公司内部出发，以原料入库为起点，以产品出库为终点，是 3 根链条中最短的。客户链从客户出发，以客户需求为起点，以客户购买为终点。产业链从整个行业出发，以原料购入为起点，以客户废弃为终点，是 3 根链条中最长的。

价值链能够帮助公司发现其内部是否存在资源闲置的情况，这一点值得重资产类公司重视。例如，航空公司的资产以飞机为主，是典型的重资产公司，因此飞机的使用率将直接决定其盈利水平。如果某航空公司的平均客座率为 72.4%，日均飞行时长为 9 小时，那么将这两个数据相乘可以得到一架处于满客状态的飞机的有效飞行时长大约为 6.5 小时。

当然，也许会有人从各方面论证有效飞行时长较短、客座率较低的合理性，但资源浪费情况是客观存在的。这是分析价值链的最大意义之一。在了解了真实运作情况后，公司就可以判断自身是否存在资源闲置的情况，以及是否实现了各项资源的价值最大化。

第 2 章　商业模式：组合利润关键要素

　　客户链可以帮助公司分析客户的潜在需求，其难点在于一些创业者无法忽略自己熟悉和习惯的思考逻辑，无法真正站在客户角度衡量产品及服务的效果。

　　传统酒店一般通过电话处理客户的订房需求，等到客户抵达酒店后再登记入住。这种业务流程本身没有什么问题，但从客户角度出发，就会发现大部分订房需求都是由旅游、探亲、出差等行为衍生出来的。如果酒店能够根据客户的订房需求为其提供精准服务，就能开辟新的发展空间。例如，针对那些旅游的客户，酒店可以从源头出发与旅游公司、景区进行合作，填补业务链条中的空白区。

　　产业链可以展现整个行业的利润流向。如今，生产工业中间品的公司面临非常激烈的竞争，因为它们的客户对价格的敏感程度比较高，同时交易频率不稳定、单次交易的资金流量大。公司了解了产业链之后，就能看到其中很多被忽略的问题或新兴环节，这方便公司提前进行战略布局，快速抢占市场份额。

　　某家具公司的主营业务是为酒店提供配套家具。大多数人认为交付产品就是双方合作的终点，其实不然，这家公司与酒店的合作完全可以持续到酒店倒闭。从产业链角度出发，这家公司可以为酒店的每个经营环节提供相应的配套服务，例如以旧换新、定期保养等。

　　一些奢侈品牌也有完善的产业链，除了出售自己的主营产品，还会出售附属产品，如表带、包带、挂饰等。当然，它们也会为客户提供完整、优质的售后服务，从而凭借这些服务获得更高的利润，实现更好的发展。

2.7　强势突围的 Netflix 型商业模式

　　在打造商业模式方面，Netflix（奈飞）的做法非常值得借鉴和学习。Netflix 成立于 1997 年，是一家依靠租赁光碟发家的公司。相关数据显示，截至北京时间 2023 年 12 月 9 日，Netflix 的开盘价已经超过 450 美元，市值更是高达 1986.02 亿美元，如图 2-1 所示。

创业开公司：新时代管理与增长战略

图 2-1　Netflix 的开盘价与市值数据

究竟是什么让 Netflix 取得如此亮眼的成绩？原因如图 2-2 所示。

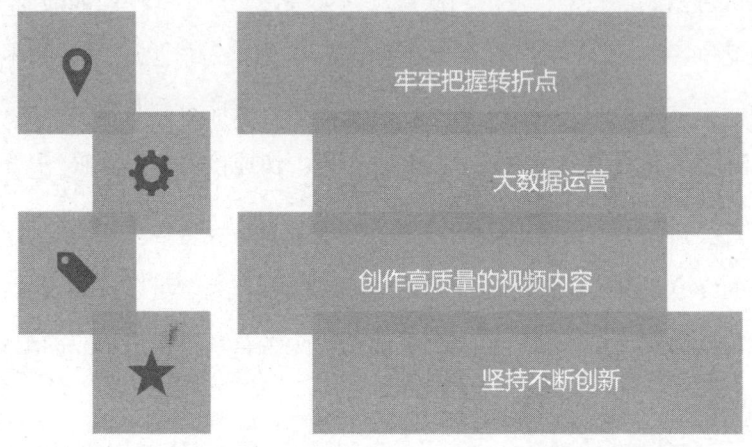

图 2-2　Netflix 取得如此亮眼的成绩的原因

1. 牢牢把握转折点

从 1997 年成立到现在的 20 多年里，Netflix 牢牢把握住了 3 个非常重要的转折点，而这里所说的转折点则是指新的市场态势。当面临新的市场态势时，Netflix 迅速为自己确定了新的商业模式，并在此基础上对业务进行了调整。

1997 年，出于对成本和客户体验的考虑，Netflix 采取了邮寄包月订阅服务，一步步替代了称霸租赁光碟行业多年的 Blockbuster。

2006 年，随着互联网逐渐兴起，Netflix 颠覆自己原有的商业模式，迅速抢占在线视频播放的蓝海市场。

第 2 章 商业模式：组合利润关键要素

2011 年，为了摆脱对版权方的依赖，Netflix 决定对上下游进行垂直整合，凭借自己的力量创作高质量的视频内容。

2018 年，Netflix 开始提升综合实力，宣布正式进军新闻行业，为美国诸多媒体公司带来了很大压力。

2021 年，Netflix 进军游戏行业，但大多数游戏产品已被纳入会员体系，不单独收费，也不包含广告，主要用于扩大 Netflix 为会员提供的娱乐服务范围。

2022 年，Netflix 宣布开启广告付费计划，此举不仅可以触及更多对价格敏感的客户，还能扩大 Netflix 的收入来源，使其商业模式趋于多元化。

从表面上看，Netflix 进军新闻行业和游戏行业好像不符合逻辑，但事实并非如此。Netflix 一直是流媒体，其每一项战略都以客户为基础。在这种情况下，既然 Netflix 有丰富的资源和强大的实力，就应该满足客户需求，作为回报 Netflix 可以从中获取流量。

2. 大数据运营

几乎每个月，Netflix 都要为来自 40 多个国家的上千万名会员推送超过 10 亿小时的电影。而且，在美国所有高峰期下行网络流量中，Netflix 所占比例已经超过了 33%。如此一来，Netflix 就可以获得各种各样的数据，进而实现大数据运营。

在大数据运营的助力下，再加上精确的算法模型，Netflix 不仅可以为客户（包括会员和非会员）提供良好的观看体验，还可以进一步提高流媒体质量。另外，大数据可以在内容交付领域起到一定的作用。

Netflix 有一个非常出色的内容交付平台——开放连接。该平台的主要功能是对与 Netflix 达成合作的 ISP（互联网服务提供商）进行有效管理。ISP 有两种方式可以享受到 Netflix 的服务：一种方式是通过公共网络交换机直接连接 Netflix 的服务器；另一种方式是依靠代理。但无论是哪一种方式，都有利于缩短客户与内容之间的网络距离。

3．创作高质量的视频内容

Netflix 花费 1 亿美元购买 BBC（British Broadcasting Corporation，英国广播公司）电视剧《纸牌屋》的版权，并决定对其进行翻拍。在前期制作阶段，Netflix 通过客户收藏、推荐、回放、暂停、搜索等相关数据，预测出凯文·史派西、大卫·芬奇、BBC 这三方合作的电视剧将会大火。于是，Netflix 邀请大卫·芬奇担任《纸牌屋》的导演，邀请凯文·史派西担任新版《纸牌屋》的男主角。

在宣发阶段，相比传统视频网站"预订—试播—全季预订—周播—续订"的模式，Netflix 采取整季预订、整季上线的全新模式，让客户在上线当天就可以享受连续观看的快感。至此，视频内容开始成为推动 Netflix 发展的新动力。

新版《纸牌屋》推出以后大获成功，Netflix 决定乘胜追击，继续创作内容，后续推出了多部热门电视剧，如《王冠》《黑镜》《怪奇物语》《无神》《惩罚者》《心理神探》等，获得了非常丰厚的利润。Netflix 创作的内容越多，吸引的观众就越多，盈利就越多。反过来，这意味着 Netflix 可以为创作新内容提供更多资金。

4．坚持不断创新

Netflix 不断创新，时刻关注大众的需求和痛点。从建立那一天开始，Netflix 就没有停下过创新的脚步，包括前面提到的大数据运营、创作高质量的视频内容等都是很好的例子。如果没有做到这一点，那么 Netflix 也许早就已经被淘汰或者被取代了。对一个公司来说，创新是最强大的竞争力，必须在不断创新后再继续创新。

Netflix 从一个名不见经传的小租赁商店，发展成一家颇具规模的媒体公司，其中肯定有许多值得挖掘的地方。与其他媒体公司相比，Netflix 不仅多了几分勇气，还多了一丝果断。面对各种各样的严峻挑战，Netflix 并没有自暴自弃、自怨自艾，而是敢于冒险，不断前行，最终探索出一条非常可行的道路。

从本质上来说，设计商业模式是一个寻找并满足客户需求的过程，这个过程

第 2 章　商业模式：组合利润关键要素

不是特别复杂，需要常变常新。而事实也证明，随着市场和发展趋势的不断变化，商业模式的确需要调整。Netflix 开创了一种以"会员计费"为核心的商业模式，这种商业模式不仅被我国各大主流视频平台争相采用，还颠覆了整个媒体行业。

第 3 章

资本运作：如何使公司更值钱

随着资本市场时代的红利逐渐消退，很多公司的生存环境越来越不好。在这种情况下，如果公司依然将赚钱作为发展重心，不重视资本运作，就很容易错失机会，成为其他公司发展之路上的"踏脚石"。

3.1 资本市场时代的红利已经成为过去式

以往，公司与资本的关系是债权型关系。简单地说，当公司处于上行期时，资本会主动放贷给公司。一旦公司遇到困难，资本为了降低风险可能就会釜底抽薪，使公司举步维艰。

如今，公司与资本的关系由债权型关系转变为股权型关系。资本向公司投资，换得公司的股权。当公司经营困难时，资本会因为持有公司的股权而选择与公司共克时艰；当公司快速增长时，资本可以衡量利益适时退出。这种方式能够起到保障公司稳定、实现公司可持续发展的作用。

在债权型关系中，"独角兽"公司，即成立不超过10年但估值超过10亿美元的公司，非常容易受到投资者的青睐。随着公司与资本的关系由债权型关系转变为股权型关系，一些在资本加持下成长为"独角兽"的公司的经营开始暴露弊端，最终它们只能遗憾地走向衰落。

例如，共享单车一度成为资本争相投资的项目。当时 ofo 乘风而起，成为崛起最快的共享单车公司之一，短短几个月就进行了 5 轮融资，累计金额超过 2 亿美元。当资本大量涌入时，ofo 并没有考虑控制成本、长效化经营等问题，而是试图依靠"烧钱"扩大市场。

在缺少精细化管理和良性商业模式的情况下，ofo 终究无法实现长久经营，短短 3 年就陷入资金链断裂的窘迫境地。创立初期得到过多个资本加持，但没有在经营过程中继续保持优势是 ofo 没落的主要原因。随着商业模式的创新和变革，没有及时转型的"独角兽"公司会在失去资本的支持后逐渐走向衰败。

可见，如今的资本不再盲目地投资处于扩张期的公司，而开始关注公司的经营情况，更重视公司的运作思路。这导致许多"独角兽"公司长期在上市的边缘徘徊，迟迟无法上市。

3.2　赚钱的公司和值钱的公司，哪个好

创业者创办公司是为了赚钱，这无可厚非，但能够赚钱的公司不一定值钱。例如，A 餐厅拥有优秀的主厨，只面向本地制定发展规划，开业不到半年就实现盈利；而 B 餐厅面向全国，花费上百万元研究服务流程和产品标准，经营一年多还没有盈利。这两家餐厅哪个更有发展前景呢？答案是 B 餐厅。

A 餐厅代表很快能赚钱的公司，B 餐厅则代表值钱的公司。因为 B 餐厅在未来能以更快的速度扩张，且成本更低，所以能够获得更多利润。公司孜孜以求的就是发展潜力和未来的价值。因此，未来更有价值的公司将更容易获得资本青睐，创造出更丰厚的效益。

一些公司虽然比较赚钱，但是不是很值钱。这是为什么呢？

首先，赚钱的公司的业务范围可能有限。

在餐饮行业，食客的口味往往具有比较强的地域特征，如我国江南地区的人爱吃甜的、川蜀地区的人爱吃辣的等。能够迎合当地食客口味的餐厅，可以快速实现盈利。而只立足于当地市场，餐厅的发展会受限，餐厅会在舒适区止步不前。很明显，这样的餐厅缺少创新精神。

其次，赚钱的公司的业务模式可能单一。

很多公司的业务模式比较单一，销售体系无法复制，且人力成本很高。A餐厅能够快速实现盈利，是因为它拥有一位厨艺非常好的主厨。这意味着，A餐厅的业务始终围绕该大厨展开，一旦该大厨离职，A餐厅就不再具有竞争优势，从而陷入被动的境地。

与值钱的公司相比，赚钱的公司最大的缺点之一，就是缺少可持续性的盈利能力和增长空间。而值钱的公司往往有一个光明的未来，从长远来看，盈利非常丰厚。当然，衡量一家公司是否值钱并不能只看盈利这一项指标，还要综合考虑商业模式、盈利模式、市场规模、市场定位等因素。

有长远规划的公司可能暂时处于亏损状态，但只要它占据了客户心智和市场份额，就一定能够扭亏为盈，创造更多价值。

综合来看，值钱的公司往往具有以下特点。

1. 产品的扩展性强

B餐厅没有将目光局限于本地，而是放眼全国，从整个餐饮行业出发，制定了全新的服务流程和产品标准，将经营范围扩大至全国。在公司建立初期，创业者可以将小范围的客户作为目标客户，但一定要立足于长远发展。

2. 业务模式具有可复制性

一家值钱的公司，其业务模式应该是可复制的。B餐厅制定了全新的服务流程和产品标准，只需要在经营过程中根据实际情况对其进行完善就可以了，每家分店都使用这个流程和标准，不需要花钱重新分析、制定新的标准。

其他类型的公司也一样，在经营后期，随着业务范围进一步扩大，业务的可复制性能够显著降低公司的边际成本。同时，公司可以在经营过程中不断试错，进一步完善业务标准，从而充分满足自身的扩张需求。

大多数公司的经营目的都是赚钱。在尚未盈利的阶段，公司把钱花在了哪里、是否要花钱，这些都非常重要。如果公司花很多钱是在为以后的发展奠定基础，这种做法就是值得鼓励和支持的。对于此类公司，用"跑马圈地"来形容比较合适。

"跑马圈地"本来是圈定土地归属权的一种方式，但现在已经演变成互联网、新零售等行业内的公司在发展前期不惜亏损而采取"烧钱"策略来获取更多客户流量，占据更多市场份额，之后再将巨大的流量转化为利润的行为。滴滴出行、盒马鲜生等在发展初期都采取了这种策略。

当今时代，公司比拼的可能不仅是多赚几百万元或少赚几百万元，还包括社会资源和创业想象力。如果公司没有足够多的社会资源和足够丰富的创业想象力，即使赚钱，也很难获得长远发展。

3.3　别忽视公司的无形资本

公司发展除了需要资金、场地、设备等有形资本，还离不开无形资本。无形资本是公司的立身之本，包括知识产权、人才、数据等。在互联网经济时代，如果没有无形资本，公司就很难实现基业长青。

1．知识产权

知识产权，又称知识所属权，是公司经过创造性劳动得到的劳动成果。知识产权的转化能有效激发公司的科技创新积极性，从而提高公司的创新能力，产生巨大的经济效益。例如，目前，全球智能手机市场的竞争已经进入白热化阶段，各大智能手机公司都希望通过建立技术壁垒形成自己的优势，而华为技术有限公司（以下简称华为）在这方面表现得尤其出色。

华为的成功，特别是对高端市场的突破，与其多年持续在智能手机技术专利方面进行投资密切相关。相关资料表明，早前，苹果公司和华为达成授权协议，由苹果公司向华为支付专利技术使用费用。华为的知识产权不仅为其带来了巨大收益，还使华为建立起坚固的技术壁垒。

知识产权是公司发展的核心，它不仅可以使公司保持技术领先，还可以保证公司稳步发展，从而获取更大的商业价值。

2. 商标

世界知识产权组织将商标定义为："将某商品或服务标明是某具体个人或公司所生产或提供的商品或服务的显著标志。"许多创业者没有挖掘出商标的真正价值，只是简单地将其理解为品牌创建。实际上，商标不仅是用来区分品牌的标识，更是一家公司无形的宝藏。

商标的升值空间很大，升值速度也很快。例如，某家公司曾在全球范围内注册"IPAD"商标，之后，苹果公司发布新品 iPad，该商标的价值迅速飙升。苹果公司曾向商标局申请，试图撤销该公司注册的"IPAD"商标，在经历多次开庭审理与协商讨论后，苹果公司向该公司支付一笔巨款，用以购买"IPAD"商标。

商标本身就是免费的宣传广告，具有非常强的溢价能力。许多公司花费上百万元甚至上千万元的广告费用于产品推广，而一个优质的商标就可以让公司省去广告费，快速抢占客户心智。公司还可以通过入股商标权、商标买卖、证券化等方式获利。

3. 人才

对于人才，每家公司都有着强烈的需求。如今，公司想吸引和留住更多人才，就必须在源头把好关。招聘前，公司必须了解招聘岗位对人才的要求，明确招聘目的，并汇总用人需求。

将人才招聘进来后，公司要对他们进行培训。培训的关键在于立足当下，遵循务实求效的原则。另外，公司还要根据自身的改革方向和发展方向，分层级、分类别、分岗位地开展培训工作，增强培训的针对性，确保培训的效果。

4．数据

如今，掌握较多数据的公司一般能更好地为客户提供差异化服务，从而在商业竞争中胜出。电商巨头亚马逊推出个性化推荐功能后，许多公司纷纷效仿，个性化推荐功能逐渐出现在新闻资讯、书籍阅读、音乐播放、社交等各种产品中。例如，网易云音乐以精准的"推荐歌单"闻名，淘宝的商品推荐个性化十足，今日头条主打根据偏好推荐资讯。

在数据成为一项重要生产要素的时代，一家能够有效整合数据的公司拥有更强的经营与发展优势。如何对产品数据和客户数据进行挖掘、整合、分析，已经成为公司进行战略布局的重要课题。

未来，公司应该更精确地掌握数据，并根据数据分析结果把控服务流程，实现业务的整体优化，从而在市场竞争中占据优势地位。

3.4 资本规划的4个"陷阱"

资本规划是战略管理的一部分，任何微小的失误都有可能对公司造成严重的影响。判断资本规划是否合理的关键是管理层是否出现了观念或行为上的偏差。只有管理层不落入资本规划的4个"陷阱"，资本规划才会科学、合理，才能真正产生价值。

1．陷阱一：认为资本规划是"空手道"

资本运作一般是非产品或非实体经营，因此一些公司将资本规划视为"空手道"。实际上，资本规划是一种高智力性活动，也是公司内外环境协调的结果。管理层进行资本规划的时候，应重视公司内外环境的互动，主动对资本架构、经营战略、管理模式等进行调整，从而形成公司内外环境协调配合的局面。

2．陷阱二：资本规划=实行多元化战略

一些创业者将资本规划等同于实行多元化战略，实际上，这是一种错误认知。多元化战略是一种完善的战略模式，可以帮助公司分散风险、增加利润、扩张业务、提高资本使用率及资本规划的成功率。不得不说，多元化战略的好处确实不少。但在实行多元化战略后，一些公司的盈利能力不仅没有提升，反而大幅倒退，资源短缺、投资膨胀等问题凸显。

如果想顺利地实行多元化战略，创业者就必须审视几个问题：公司的优势是什么？新老业务能不能实现协同增益？是否存在扩张过度的风险？有没有对公司内部加强监控和管理？考虑清楚这几个问题，资本规划将更有效。

3．陷阱三：混淆经济规模与规模经济

规模经济的本质是在公司达到一定规模后，产生"1+1>2"的效应，从而带来更高的效益。但这种经济现象与公司的实际规模无关，如果一家公司的效益随着成本的降低而递增，就说明这家公司形成了规模经济。而经济规模（即公司经济总量）与成本、收益没有关系。经济规模的扩大可能与公司形成规模经济有关，也可能与公司形成规模经济无关。

创业者进行资本规划的时候，经常混淆经济规模与规模经济这两个概念。例如，创业者认为几个独立的公司合作后，就可以形成规模经济；把"规模"绝对化，将规模的扩大视为规模经济的初步形成；认为规模的扩大势必推动规模经济的形成等。

有些创业者认为，在公司的规模扩大或市场占比提升后，效益问题就会迎刃而解。实际上，规模扩大不是万能的。例如某知名咖啡品牌的经营范围覆盖全国，累计开设了六七百家分店，最终还是申请了破产保护。

很多时候，盲目地扩大规模会使公司的分支机构增加，管理链条延长，管理难度加大。在这种情况下，管理层的决策很可能会增加公司支柱产业的负担，导致公司的发展停滞不前。

4. 陷阱四：资本规划就是低成本扩张

资本规划经常被误认为是公司实现低成本扩张的一种方式。例如，创业者误认为可以通过资本规划完成公司资本优化，进而实现低成本扩张。实际上，公司是否应该进行低成本扩张往往取决于公司是否具有资本优势，以及公司能否以较低的交易费用完成并购。

另外，低成本扩张的本质是扩大再生产。在公司规模扩大的同时引进新技术、新人才，公司的运作效率也会提高。此时，公司的管理工作一定要跟上，否则突然增加的架构很有可能拖累甚至拖垮公司。

3.5 融资：筹集资本的"武器"

融资指的是创业者运用多种手段为公司筹集资金的行为，是公司发展壮大的重要支撑。在不同的发展阶段，公司的融资方式不同。例如，处于种子期的公司适合采用天使投资、民间借贷、政府资助等融资方式；处于成长期的公司适合采用创业投资、金融机构贷款等融资方式。另外，还有内部融资方式，如员工集资、亲友借款、股东借款等，这些融资方式也是公司应该关注的。

选择适合公司的融资方式很重要，但要提高融资的成功率，创业者还应掌握以下技巧。

1. "1则生存"原则

"1"指的是公司要抢占先机，争做第一。一方面，公司要抢先找到投资者。中小型公司实力薄弱，但市场竞争激烈，因此中小型公司要抢占市场先机，抢先寻找投资者，争取尽快完成融资。另一方面，公司进入市场后，要率先抢占客户和行业资源，形成竞争优势。

2. 挖掘身边的投资者

如果创业者想找可靠的投资者，那么可以从身边挖掘。投资者有自己擅长的领域和专业，同行介绍的或自己了解的人相对可靠。

3. 选择优质的合作伙伴

创业者要选择优秀的合作伙伴，这样经营公司的时候才会事半功倍，融资的时候才能获得助力，减轻自己的负担。

4. 学会创造价值

公司获得融资的前提是能够为投资者创造价值。因此，创业者要在融资过程中证明自己公司的价值，例如向投资者表明投资自己的公司可以获得丰厚的利润。

5. "电梯演讲"

"电梯演讲"指的是"麦肯锡30秒电梯理论"。创业者需要具有在30秒内介绍自己及项目的能力，这能够体现创业者的执行与沟通能力。

6. 种子投资，只是开始

种子投资一般发生在产品的概念阶段，投资者会进行一笔金额较小的投资，而这只是投资的开始。创业者在公司获得种子投资后应继续努力奋斗，争取获得更高额度的投资。

7. 把控融资节奏

公司融资的速度往往很快，从种子轮、天使轮到D轮，可能会在很短的时间内完成。因此，创业者要注意把控融资节奏，公司完成融资的时间越早，抢占的市场份额就越大。大多数投资者比较关注同一赛道中第一个进行融资的公司，而第二个或第三个进行融资的公司被投资的概率相对较低。

8. 与投资者多沟通

创业者与投资者沟通的过程是一个彼此考察的过程。在沟通过程中，双方的经营理念、对市场趋势的看法等是否契合会得到验证，有利于检验双方是否适合展开合作。

融资成功不是终点。投资者向公司投资的目的是获得收益，因此创业者要与投资者约定好退出机制，明确投资者的变现路径，以获得投资者的信任。常见的退出机制包括 IPO（Initial Public Offerings，首次公开募股）退出、并购退出、股权转让、股权回购、清算等，创业者可以根据公司的实际情况选择合适的退出机制并将其写入融资协议，避免后期与投资者发生纠纷。

3.6 投资：让资本持续升值

若公司有闲置资金，则可以用其投资好项目，让自己成为投资者。一般来说，投资分为以下 4 个步骤。

1. 首次 PK：关于创业情况的接洽

投资方与融资方首次接触的时候，融资方需要表明自己的融资意向并介绍其基本情况，由投资方进行初步分析和审核。这一轮沟通的信息通常包括投资标的种类、资金使用计划、财务预估等内容。作为投资方，公司需要审核这些内容，判断投资标的有无投资价值。

公司与融资方的第一次接触是双向的。融资方为了获得更好的发展主动联系公司寻求投资，公司也会主动寻找、接洽其认为有发展潜力的投资标的。

2. 要求对方提供商业计划书

如果公司初步认可融资方投资标的的价值，就可以要求对方提供完整的商业计划书。

公司评估商业计划书的时候应该关注一些核心内容，包括但不限于以下几点。

（1）2W1H 问题：What（产品或服务是什么）、Why（为什么要推出该产品或服务，分析产品或服务的市场需求）、How（具体的执行计划和策略）。

（2）能否提供支撑自身价值的事实和细节作为依据，而不是纸上谈兵。

（3）团队构成、产品介绍、市场分析、目标客户判断、联系方式等内容没有遗漏。

（4）关于使命和愿景的表达是否清晰、准确，以及创始人的格局如何。这主要展现创始人的想法、远见及其对公司未来发展的规划是否明确、笃定等情况。

（5）团队的背景和经历是否翔实，是否可以证明团队的能力。

商业计划书不仅是分析的艺术，更是细节的展示，甚至可以决定一个项目的成败。它是公司判断投资标的是否具有实施可行性及做出投资决策的重要凭据。在投资过程中，公司与融资方都应重视商业计划书。

3．与融资方合作，做尽职调查

当公司审核过商业计划书并认为投资标的有比较大的发展潜力后，就会与融资方以合同的形式确定合作关系，并进行相关的尽职调查工作。尽职调查通常包含3个维度的调查：业务尽职调查、财务尽职调查、法务尽职调查。对投资来说，尽职调查是至关重要的。无论是对投资标的的估值，还是对其未来发展前景的判断，都要基于尽职调查的结果进行。

4．确认并签署投资协议

一些公司的管理者只要遇到发展潜力大、收益丰厚的项目，就想当场签署投资协议。其实，公司的管理者不能因遇到好项目而开心、激动，从而掉以轻心。因为签署投资协议的环节有许多陷阱，暗含着投资方和融资方的博弈。

在签署投资协议环节中，公司的管理者要"睁大眼睛"，辨别投资协议中可能存在的问题，避免自己不小心落入陷阱。双方提前把一些关键事项"摆到桌面上"说明白，并将其体现在投资协议中，是对彼此负责任的表现，避免后续出现纠纷。

3.7 低估值公司如何"起死回生"

估值涉及公司经营的多个方面，如业务架构、客单价、利润情况等。这些方面相互作用，影响着公司的发展。然而，因为估值很低，最终"死"在竞争中的公司比比皆是。

如何提高估值，让自己"起死回生"，是很多公司面临的一个问题。这些公司可以学习以下提高估值的方法，快速、顺利地渡过瓶颈期。

1. 业务拆分："1+1＞2"的效果

一些创业者认为，拆分业务会导致资金、技术、信息、人力等资源无法在公司内部共享，不利于公司的整体发展。实际上，每个业务存在的风险和资金状况均不相同，多个业务混杂很可能导致公司的估值降低，将多个业务拆分，反而可能会实现"1+1＞2"的效果。

例如，将原有业务拆分，分别成立"联想集团"和"神州数码"两家子公司，是联想实施的最大规模的战略调整之一。拆分后，两家子公司的业务更有针对性，这也使得作为母公司的联想可以更好地进行资源配置，提高管理效率。与此同时，联想在拆分过程中还实现了重点业务的转移，有效增强了自己的竞争优势。

2. 不良资产剥离

进行不良资产剥离并不意味着经营失败，这其实是公司为了实现更好的发展而进行的战略调整。将那些与公司发展方向不符、没有成长潜力的资产剥离，公司就可以将资源集中于有优势的业务，使资源配置更合理，从而提高估值。

例如，恒顺醋业主营调味品生产、销售，在房地产市场火爆之际，盲目进军房地产领域，导致公司出现巨额亏损，估值大幅降低。对此，恒顺醋业决定将非主业资产剥离——将房地产业务分配给子公司恒顺置业。剥离不良资产后，恒顺醋业的业绩显著提升，实现扭亏为盈，估值屡创新高。

3. 引入战略合作伙伴

当公司的扩张速度超过市场需求时，很可能导致公司的效益增长乏力。在这种情况下，如果公司引入战略合作伙伴，就可以充分利用对方的优势资源扩大自己的利润增长空间。例如，轻住集团和多家公司建立了战略合作伙伴关系，将多个不同调性、业务各异的品牌连接在一起，打造完善的生态网络，全面拓宽了自己的升值渠道。

保证公司的良好运营，想方设法提高公司的估值，是资本运作的主要目的。如果公司的估值较低，公司在市场上的竞争力很弱，创业者就要及时采取有效措施，使公司"起死回生"。

3.8 公司需要中长期资本战略

中长期资本战略深刻影响着公司的发展前景。只有充分考虑公司的中长期资本战略，创业者才能制定出科学、合理的公司发展战略，更好地把握公司的发展节奏。树立以下几种意识，可以帮助创业者更好地理解并制定中长期资本战略。

1. 竞争性意识：需要什么样的投资者

竞争性意识对公司中长期资本战略的影响体现在对投资者的选择上。有些投资者可以为公司带来更多流量，或者能够补齐公司的短板，为公司提供战略价值，但仅有这些是不够的。除了可以提供上述内容，优秀的投资者还可以为公司提供生态扶植、挖掘客户数据、品牌背书等方面的支持，这些支持很难用钱买到，对公司来说更具战略价值。

除了选择投资者，发挥竞争性思维也很重要，即思考投资者希望达成怎样的战略协同效果、公司的竞争对手采用何种战略、投资者的竞争对手会怎么考虑问题等。可能创业者认为投资者不能给公司带来很大的战略价值，但当投资者转而对竞争对手进行投资后，极有可能改变当前的竞争格局。

2. 深谋、速动意识：境内外架构的选择

对很多创业者来说，上市也许是遥不可及的，但制定中长期资本战略的时候，创业者要面向未来，为可能发生的事提前做好准备。在上市方面，在境内外市场上市的逻辑不尽相同。通常情况下，政策、监管力度的变化会对境内市场产生更大的影响，市场发展趋势则会对境外市场产生更大的影响。

因此，创业者要根据行业情况选择合适的上市地。例如，某公司所处的行业在境外没有对标公司，其市场规模不足百亿元，如果这家公司选择境外架构，上市后体量没有扩大，就很难受到关注，未来进行融资或退市都可能出现问题。

在选择境内架构和境外架构的问题上，创业者要谋定而后动，确定方向后就要分秒必争，培养深谋、速动的意识，并长期监控资本市场，把握其最新动向。

3. 超前意识：保持足够的市场敏感度

上市是一个漫长的过程，在公司上市前，创业者需要花费大量的时间准备，如境外架构的搭建、财务与税务规划、团队搭建、投行团队的选择等。另外，在合适的节点退出资本市场是创业者实现利益最大化的理性选择。但有些创业者通常保持乐观的心态，只有在公司的发展遭遇瓶颈时才考虑将公司出售。

竞争中不存在上帝视角，不会给某个人或某家公司重新选择的机会。资本市场中充斥着变化，只有时刻对市场保持敏感，创业者才能把握住稍纵即逝的最佳退出节点；只有具备超前意识，提前规划好公司未来3~5年甚至10年的发展路径，创业者才能从容地应对变化，保证自己的利益不受损。

第 4 章

股权设计：控制权与激励并行

很多创业者在创业初期没有进行股权设计，导致公司在后期的经营和管理中出现诸多问题。事实上，股权是公司运转的基础。只有制定科学、合理的股权架构，才能实现权责清晰，对股东、员工起到激励作用。

4.1 股权架构问题：关注需求，保证控制权

公司能够顺利创立，除了创始团队的努力，还离不开股东、员工的帮助和支持。为了回报他们，创业者在公司发展初期就应该仔细考虑股权架构问题。

要想设计出合理的股权架构，创业者首先应该明确股东、员工的需求。股东是创业者的追随者，为公司做出很多贡献，他们通常希望获得一定的参与感和话语权。而员工想要的是分红权，因此创业者要重视对他们的激励。

创业者设计股权架构的时候要保证自己的控制权，掌握 3 条股权生命线。

第一条：拥有 67% 的股权，绝对控制线。

《中华人民共和国公司法》（以下简称《公司法》，2024 年 7 月 1 日施行）第

六十六条第三款规定:"股东会作出修改公司章程、增加或者减少注册资本的决议,以及公司合并、分立、解散或者变更公司形式的决议,应当经代表三分之二以上表决权的股东通过。"

一般情况下,股东的股权与表决权是一一对应的,一份股权对应一份表决权。而一旦创业者拥有67%以上的股权,就拥有67%以上的表决权,就相当于拥有公司的绝对控制权,可以做出修改公司章程,增减公司注册资本,合并、分立、解散公司等重大决策。

第二条:拥有51%的股权,相对控制线。

《公司法》第一百一十六条第二款规定:"股东会作出决议,必须经出席会议的股东所持表决权过半数通过。"这表明,创业者拥有超过半数的表决权,即持股达到51%以上就拥有了对公司的相对控制权,可以主导公司经营方案、投资方案、财务预算、利润分配等重要事项的决策。

第三条:拥有34%的股权,重大事项一票否决线。

拥有67%以上的股权可以实现对公司的绝对控制,相对地,如果有人拥有公司34%以上的股权,即拥有34%以上的表决权,就可以打破创业者对公司的绝对控制,可以在修改公司章程,增减公司注册资本,合并、分立、解散公司等重大事项的决策上投反对票。因此,创业者一定要重视这条线,尽量避免其他股东持有过高的股权。

股权架构设计好后,由于新股东、新员工的加入和旧股东、老员工的退出,因此股权架构一定会发生变动。但无论怎样变动,创业者都要保证自己对公司的控制权。

4.2 关于控制权的博弈

对创立有限责任公司的创业者来说,保持51%的持股比例不难。但在公司改制成为股份有限公司后，随着股东、员工数量增加，创业者想保持51%的持股比例就十分困难了。

如果创业者的持股比例降低，他应该怎样保证自己的控制权呢？

1. 签署一致行动人协议

创业者可以与其他股东签署一致行动人协议。一致行动人协议可以对各方的一致提案、一致投票等行动进行规定，保证创业者与签署协议的股东在投票时保持一致意见，从而保证创业者的控制权。

2. 获得投票委托权

投票委托权，即股东将自己的投票权委托给他人使用。创业者可以与其他股东签署委托投票权协议，获得其他股东的投票权，从而提高自己的投票权数量，保证自己在重大事项上的决策权及对公司的控制权。

3. 设立持股平台

股权激励是创业者激励员工的重要方法，在股权激励下，员工工作的积极性被激发。但股权激励会导致公司引入过多的小股东，如果每个人都拥有与股权相对应的决策权，公司的决策效率就会大幅降低，从而影响创业者对公司的控制。

创业者可以将自己作为普通合伙人（以下简称GP）、被激励的员工作为有限合伙人（以下简称LP）设立持股平台，约定自己持有极少数股份、员工持有大多数股份。同时，创业者可以与员工约定，自己享有全部话语权，员工只享有股份对应的分红权。这种方式在保证创业者的控制权的同时也能够和员工共享收益，起到激励员工的作用。

例如，很多创业者都会成立一个合伙企业作为持股平台。在这种情况下，作为GP的创业者即使持有1%的股份，也可以控制合伙企业，而员工持有99%的股份，可以享受更多的利润分成。基于对合伙企业的控制，创业者可以通过直接持股与间接持股相结合的方式控制目标公司，如图4-1所示。

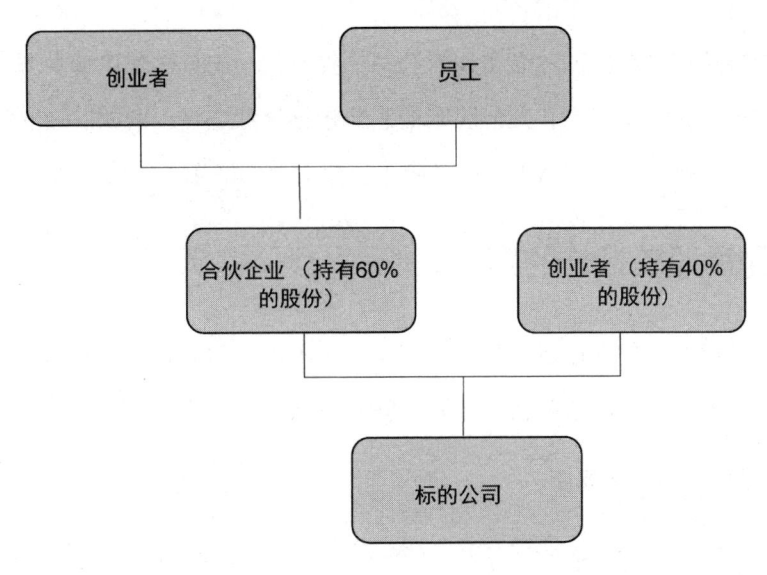

```
          创业者              员工
             │                │
             ├────────────────┘
             │
    ┌────────┴────────┐
合伙企业（持有60%      创业者（持有40%
    的股份）              的股份）
         │                │
         └────────┬───────┘
                  │
              标的公司
```

图 4-1　创业者控制标的公司的股权架构

4．设立 AB 股

AB 股，即将股票分为 A 股和 B 股，其中，A 股 1 股对应 1 份投票权，B 股 1 股对应 n 份投票权。这种方式可以让创业者实现对公司的控制。例如，创业者手中的 B 股 1 股可以对应 10 份投票权，甚至 20 份投票权，而其他股东手中的 A 股 1 股对应 1 份投票权。在这种情况下，即使创业者持有很少的股权，也可以享有大部分投票权，从而实现对公司的控制。

5．虚拟股权制度

创业者可以通过设置虚拟股权制度保障自己的控制权，即不向员工发放实际股权，只让员工享受股权对应的收益权。例如，华为在内部推行虚拟股权制度，优秀员工可以出资认购公司股票，认购的股票并不登记在员工名下，而由深圳市华为技术有限公司工会（以下简称华为工会）代持，因此无须办理工商登记。

从本质上来说，员工不具有这些股权的所有权，只享受这些股权的收益权。这些股权是华为与员工约定的一种虚拟股权。在这种持股方式下，即使员工持有大多数股票，也不会影响公司的控制权。

以上方法可以帮助创业者实现对公司的控制，至于具体使用哪种方法，创业者要根据公司的实际情况和其他股东的意愿进行合理选择。例如，设立持股平台往往用于激励员工、设立 AB 股可以防止资金雄厚的股东控制公司等。

4.3 警惕股权设计的四大陷阱

设计股权的过程存在诸多陷阱，一旦考虑不周，创业者就容易落入陷阱，使公司遭受损失。因此，创业者有必要了解并规避股权设计中的陷阱，防范风险。

1. 股权比例过于均衡

一些公司设计的股权架构十分均衡，如两人各持股 50%、三人分别持股 30%、30%、40%、四人各持股 25%等。这种相对均衡的持股比例容易形成"股东僵局"，难以形成有效的股东会决议，阻碍公司的发展。

2. 股权过于集中

为了保证自己的控制权，一些创业者持有很多股权，既不引入外部合伙人作为股东，也不对员工进行股权激励。在一股独大的情况下，公司成了创业者的"一言堂"。在这种情况下，一旦创业者做出了错误决策，就会对公司的发展造成严重影响。同时，在缺乏股权激励的情况下，员工工作的积极性也难以被有效激发出来。

3. 存在隐名股东

隐名股东，即股权的实际拥有者，但通过签订股权代持协议让登记在册的显名股东代替其管理公司。一些公司如果存在隐名股东，就有可能引发股权纠纷。一旦显名股东与隐名股东之间发生矛盾，显名股东擅自将股权处理，或者违背隐名股东的意愿行使表决权，双方就会产生法律纠纷，影响公司的稳定和发展。

4. 小股东越权

创业者在设计股权的过程中也要关注小股东的股权，否则很可能引发小股东越权的风险，即小股东拥有最大决策权。例如，某公司的两位大股东的持股比例分别为51%和49%，此后，公司因为发展需要引入了一位合伙人，为了留住这位合伙人，两位大股东分别出让了3%的股权给这位合伙人，这样，两位大股东的持股比例分别为48%和46%，合伙人的持股比例为6%。

从表面上看，这位合伙人的持股比例很小。实际上，这位合伙人在公司决议方面起着关键作用。因为两位大股东的持股比例均未超过51%，没有对公司的相对控制权，一旦两位大股东意见不合，该合伙人的选择就决定着最终决策。这时，这位合伙人就成了公司的实际决策人，这无疑会引发严重的内部纠纷，不利于公司的稳定和发展。

4.4 预留股权：放大股权调整的空间

一些没有经验的新手进行股权设计时，往往会一次性分配完100%的股权。这种做法看起来没有问题，但在一定程度上影响了公司未来的发展潜力，不利于公司发展。因此，创业者要预留一部分股权，保证公司有调整股权架构的条件。

预留股权主要有以下几个方面的作用。

1. 有利于进行股权调整

创业者在创业初期分配股权时，有一个问题是难以明确的，就是在长久的创业过程中究竟谁的贡献多、谁的贡献少。有的股东在创业初期付出了许多时间和精力，但后期逐渐退出了公司经营；有的股东在创业初期的贡献并不多，但之后发挥的作用越来越大。基于种种情况，股权分配中容易出现股东贡献与其所持股权比例失衡的问题，如果有预留股权，就可以进行合理的股权调整。

2. 有利于激励员工

在创业过程中，为了留住核心员工，激发他们的工作积极性，很多公司会进行股权激励。如果没有预留股权，创业者就要协调自己与其他股东的持股比例，拿出一部分股权激励员工，但这往往会加大股权激励的难度。而如果此前预留了股权，就可以用预留股权中的部分股权进行股权激励，创业者及其他股东手中的股权不会受到影响。

3. 有利于引入新股东

公司在发展过程中，往往需要引入新股东。公司引入新股东的时候，如果没有预留股权，就需要对股权架构进行调整，但这容易引发股权纠纷，而预留股权可以大大降低新股东加入的难度。同时，预留股权也是吸引新股东加入的重要筹码，可以影响新股东的决策。

需要注意的是，公司所有的股权都要登记在具体的股东名下，即使是预留股权也不能无主。创业者可以把预留股权放在自己名下，同时和其他股东签订这部分股权的股权代持协议，或者设立一个持股平台，将预留股权放到持股平台中。

4.5 股权激励方法：股票期权+限制性股票+虚拟股

如今，为了激励员工，很多公司都会在获得一定的发展后对员工进行股权激励，以激发其工作的积极性，促使其为公司做出更多贡献。做好股权激励关键在于掌握股权激励方法，而股权激励方法包括股票期权、限制性股票、虚拟股。

（1）股票期权是通常意义上的股权，需要通过工商注册、出资等方式才可以获得。股票期权可以转让，转让过程就是公司引入新股东的过程。如果以发放股票期权的方式激励员工，公司就会按一定折扣将股权出售给员工，或者以定向增发的方式授予员工，让员工获利。

（2）限制性股票的核心是限制性，一般体现在以下两个方面。

一是获得条件。从获得条件来看，限制性股票大多用于激励员工，《上市公司股权激励管理办法》中明确规定了激励对象获授限制性股票的业绩条件。这样可以在公司内部形成多劳多得的风气，激励员工努力工作。但公司同时也要加强管理，避免恶性竞争。

二是禁售条件。从禁售条件来看，股票市价、年限、业绩等都可以成为禁售条件。公司与员工提前约定股票获得条件和股票禁售条件，就相当于从源头上规定了员工的业绩标准和在职年限。这样员工既不可能不劳而获，也不会轻易提出离职。

（3）虚拟股不需要经过工商注册，而且拥有虚拟股的员工往往不具有投票权。当公司使用虚拟股激励员工时，员工可以获得分红与股价升值收益，但不可以对虚拟股进行转让和出售。如果员工离开公司，那么其之前获得的虚拟股会自动失效。

股权激励方法对比，如表 4-1 所示。

表 4-1 股权激励方法对比

类型 内容	是否实股	股份稀释	激励收益	员工风险	员工现金支出	公司现金支出	评估定价	适用公司类型
股票期权	是	有	增值权	无	无	无	需要	资本投入较少、资本增值较快、人力资源增值明显的公司
限制性股票	是	有	分红权 投票权 增值权	有/无	有/无	无	需要	业绩稳定、现金流较为充足、股价波动较小且有分红偏好的公司
虚拟股	否	无	分红权 增值权	无	无	有	需要	业绩增长较快、现金流比较充足的公司

除了上述 3 种股权激励方法，干股也很常见。如果员工获得的是干股，那么关于公司的重大决策，他们只能遵从，不能参与制定。如果后期他们决定离职，那么干股也随之消失，他们不会再获得任何收益，这样有利于保障公司的利益不受损失。

4.6 股权激励的六大关键点

对员工进行股权激励很有必要，如果创业者不知如何对员工进行股权激励，股权激励这一方法就难以真正发挥作用。为了让股权激励真正发挥作用，创业者需要注意六大关键点，如图 4-2 所示。

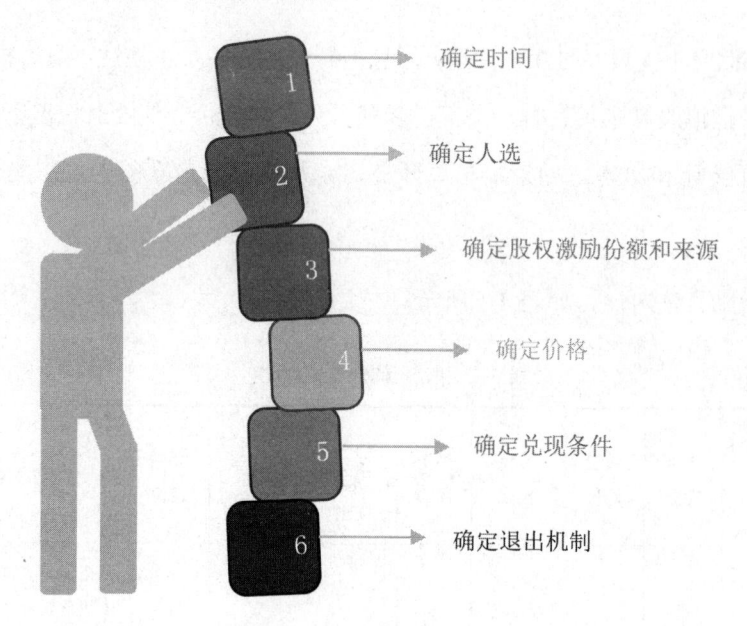

图 4-2 股权激励的六大关键点

1. 确定时间

在创业初期，公司股权的价值不高，用股权激励员工既起不到很好的激励作用，也不划算。当公司获得了不错的盈利或者第一次融资成功时再对员工进行股权激励，能够起到更好的激励效果。

2. 确定人选

股权激励的对象一般是公司的核心员工，如核心技术人员、核心管理人员等。创业者可以根据岗位、工作年限、业绩表现等确定核心员工人选。

3．确定股权激励份额和来源

公司用于股权激励的股权份额不宜太多，一般 5%～20% 的股权份额比较合适。当然，具体的股权份额需要根据实际情况确定。用于股权激励的股权可以是此前预留的部分股权，也可以是创业者自己拿出的股权或者所有原始股东同比例出让的股权。此外，创业者还可以进行增资扩股，用增量股权对员工进行股权激励。

4．确定价格

股权尽量不要免费发放给员工，可以根据公司的市值估算股权的价格。创业者可以根据最近一次融资的估值确定股权的价格，也可以用公司的净资产乘以一定的系数估算股权的价格。为了实现股权激励的效果，创业者可以让员工以市场价格的折扣价获得股权。

5．确定兑现条件

兑现条件是明确员工获得的股权什么时候成熟，也就是员工什么时候可以行权。常见的股权成熟机制有以下两种。

（1）4 年成熟期，每年可以兑现所持股权的 25%。

（2）第一年不可以兑现所持股权，第二年可以兑现所持股权的 50%，以后每年可以兑现所持股权的 25%。4 年将股权全部兑现完。

6．确定退出机制

创业者要设计好股权激励的退出机制，避免因员工中途离职而引发不必要的纠纷。对于员工所持股权已经行权的部分，公司需要通过股权回购的方式收回，需要与员工事先约定好股权回购的价格。

总之，创业者想要设计出一份科学的股权激励方案，就必须明确以上所有关键点，规避细节问题。

4.7 新时代的动态股权设计

随着公司不断发展，股东逐渐增多，利益分配问题变得复杂。此时，静态股权设计的弊端就会暴露出来。公司在创立初期过早地切割股权，在后期就很容易出现部分股东认为自己的贡献与收益不对等的情况。贡献不同，收获却一样，结果是部分股东要么变得消极怠工，要么矛盾激化，导致公司的发展陷入僵局。公司内部不能维持平衡，公司怎么会有更好的发展？

在一家公司里，每位股东的能力不同，贡献也不同。如果不确定股东具体为公司付出了多少，仅根据出资比例确定其拥有的股权，那么对付出多的股东来说是不公平的。为了解决这个问题，动态股权设计应运而生，受到了诸多公司欢迎。

动态股权设计指的是对股东之间的股权进行动态调整，也就是说，股权不是一次性就确定了，而是根据公司的发展情况进行调整。在这样的股权分配机制下，"勤劳"的股东的股权会随着自己所做贡献的增加而增加，而"懒惰"的股东的股权会相应减少，甚至这样的股东会被清退。

公司实施动态股权设计应该注意以下 3 个要点。

1. 确定里程碑

不同的公司产生效益或价值的时间不同，通常都会有明显的节点，这些节点被称为"里程碑"。常见的里程碑包括产品研发突破某一困境，销售额、盈利、客户数达到某个目标等。

2. 计算股东为公司带来的贡献

贡献包括现金投资、未领取薪酬的劳动服务、办公场地、生产设备、知识产权、融资担保等。公司可以对股东的贡献进行计算，例如，知识产权贡献体现为每件产品的许可费为 n 元等。

股东的贡献必须是可以明确量化的，但不是任何贡献都能作为股权分配的依据。例如，社交资源、超出实际需求的资金、创意等就不太适合作为股权分配的依据。另外，如果某位股东已经获得与工作职责相对应的薪酬，其劳动服务就不能算作可以参与股权分配的贡献。

3．进行股权分配

目前，有两种常用的股权分配方式：全动态股权分配、半动态股权分配。

全动态股权分配是指公司在里程碑达成时计算股东的贡献，以股东的贡献占比为依据分配股权。半动态股权分配是指以公司中的一两个股东（如贡献大部分资金或其他资源并全职为公司工作的股东、担任董事长或事务合伙人的股东等）为主导，部分股权可以先分配给他们，剩下的股权再按照全动态股权分配进行分配。

创业者要注意，一定不能一次性分配100%的股权，因为有些股东可能在公司发展前期贡献较少，在公司发展后期贡献较多。例如，有的股东在公司创立初期无法拿出更多资金导致自己所占股权比例较低，但在公司发展中后期，他们在管理和经营方面为公司做出了巨大贡献，对于这些股东，创业者要为其留出股权调整的空间。

4.8　跟着华为学习股权激励之道

华为于1987年在广东省深圳市成立。历经30多年的风云变迁，华为已经成长为全球领先的信息与通信技术解决方案供应商，在云计算、终端等领域持续为客户提供优质的产品与服务。但华为在创立之初，只是一家有6位股东、注册资本为2万元的小公司。

在发展早期，华为因为规模小、营收不高，无法通过上市获取银行和公众的融资，而没有资金，公司就无法获得发展。于是，1990年华为推出了员工持股计划,将员工作为事业合伙人,通过内部融资,华为渡过了难关。

1997年,华为对股权架构进行了改革,改革后的员工股份交由华为工会和华为新技术公司工会集中托管。

2000年,华为再次对股权架构进行改组,最终形成创始人任正非持1.1%股份与华为工会持98.9%股份并立的股权架构。

2001年,华为推出虚拟受限股计划,该计划旨在将股权激励从普惠性变为重点激励。员工获得的大部分收益从以往的固定分红变为股份对应的公司净资产增值部分。

2003年,华为工会委员会与创始人任正非共同设立华为投资控股有限公司(以下简称华为投控),华为投控的控股子公司就是华为。因此,虽然华为创始人任正非手中只有1.1%的股权,但是华为的实际控制人还是任正非。因为华为工会所集中托管的虚拟受限股没有管理权,实体股东只有任正非一人。

华为为了让没有管理权的事业合伙人也能有参与权,便从持股的员工中选出17人,让他们进入华为投控的董事会。而华为投控作为持股平台,不仅方便华为旗下的资本运作,还使原本较为复杂的事业合伙人激励制度更容易被员工股东理解。

2008年,华为的很多老员工手中拥有大量股权,且还在持续买入,而留给新员工的股权却不多,因此,华为在虚拟受限股的基础上开始实行饱和配股制度。员工根据自己的级别享有不同的配股上限,例如13级员工的配股上限为2万股,14级员工的配股上限为5万股。如此一来,新员工的工作热情和积极性都大大增加,华为的事业合伙人也越来越多。

到了2013年,为了让更多的基层员工享受到华为发展带来的红利,"时间单位计划"应运而生。在"时间单位计划"下,员工无须购买股权,华为每年会根据员工的级别、贡献等分配股权,每5年结算一次。

目前，华为在全球共有 17 万余名员工，其中 8 万人是持股华为的事业合伙人。在这些年的发展中，华为不断地调整股权激励制度，源源不断地引入事业合伙人，不仅实现了对员工的激励，还能够持续获得内部融资。2004 年至今，华为获得了超过 260 亿元的内部融资，而其他竞争公司，如中兴通讯股份有限公司，只获得不足其 1/10 的内部融资。

当然，无论事业合伙人的实现形式如何变化，其最终目的都是给予员工股权激励，而不是获得融资。因此，公司实行事业合伙人制度的时候切记不要本末倒置。

第 5 章

风控机制：将潜在隐患扼杀

创业过程充满了不确定性，如政策调整、市场与目标群体变化等。这些不确定性注定了公司的发展不可能一帆风顺。面对这些不确定性，有的公司茫然无措，最终创业失败，而有的公司则努力突破瓶颈，制定科学的风控机制，获得了长足发展。

所谓风控机制，即风险控制机制。该机制可以帮助公司识别不确定性很强的事件和潜在风险，指导公司尽快采取措施，降低事件和潜在风险对公司造成的负面影响。总之，只有建立风控机制，公司才能在多变的环境中生存下去。

5.1　不确定性是最大的隐患

不确定性，即某一事件的可测量性，如化学物质的致癌率、某一产品的需求价格弹性等。通常，事件的可测量性越高，不确定性就越小，反之，不确定性就越大。出现不确定性的原因很多，如图 5-1 所示。

第 5 章 风控机制：将潜在隐患扼杀

统计变异

主观判断

语言表述不精准

不可预期

图 5-1 出现不确定性的原因

1．统计变异

统计变异是指收集数据的时候，因为测量技术和工具不完备，产生了误差，导致测量出的数据的真实性具有很大的不确定性。

2．主观判断

创业者对事件进行分析的时候，虽然有外部资料可以参考，但是人的主观判断依然会影响判断结果。如果创业者在一个领域中第二次创业，那么第一次创业的结果会影响创业者第二次创业的判断。创业者会认为市场和目标群体等因素不会发生较大变化，仍然按照原有的方式处理问题。殊不知，市场和目标群体已成为创业者第二次创业的不确定性因素。

3．语言表述不精准

在日常交谈中，其实我们的许多语言表述是不精准的。不精准的语言表述很容易产生歧义，使双方产生误解，尤其是创业者与他人进行商务谈判的时候，不精准的语言表述会使协议存在漏洞，为双方日后的合作埋下隐患。

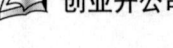

4．不可预期

在实际生活中，有些变化是不可预期的，随时会因为一些微小的因素而发生变化。例如，在一项客户对奶粉品牌的偏好的调查中，起初有80%的客户偏好A品牌，20%的客户偏好B品牌。而在调查过程中，突然A品牌被曝出含有非法添加物，于是，A品牌、B品牌的客户偏好比例就由原来的8∶2变成3∶7。这种变化是不可预期的，会成为公司的风险。

由此可见，公司进行决策的时候，有些变化是无法确定的。在这种情况下，公司只能根据资料和数据分析不确定性事件出现的概率。

5.2 风控关键点一：概率分布

概率分布可以表示每一可能事件及其发生的概率。由于不同的可能事件存在互斥性，因此这些可能事件发生的概率之和为1。使用历史资料法、专家打分法、理论分布法来获取具体的数据和资料，并绘制风险概率分布图，是目前比较好的研究可能事件概率分布的方法。

（1）历史资料法，即在相同条件下，通过观察潜在风险在历史项目中出现的次数，预估不确定性事件发生的概率。这种方法是通过依赖过去的经验收集数据来绘制风险概率分布图的，但由于一些创业者的经验不够丰富且带有一定的主观性，因此很难得到风险的客观概率。

（2）专家打分法，即将专家主观估算的概率作为绘制风险概率分布图的依据。虽然专家主观估算的概率的准确性存在一定误差，但是专家的估算是根据自己的实践经验和丰富的专业知识储备，按照项目的实际情况做出的合理判断。专家的判断失误率比一般人的判断失误率低很多，因此可以将专家主观估算的概率视为客观概率的近似值。

（3）当历史资料法和专家打分法不足以支撑公司绘制风险概率分布图时，公司可以采用理论分布法。理论分布法是基于假设的数据和某种特定的理论明确风险概率分布，如正态分布。正态分布可以描述财产损失、法律风险等大多数风险的分布情况。

5.3 风控关键点二：外推法

外推法包括前推法、后推法、旁推法，其中常用的是前推法。前推法，即按事件发生的时间顺序排列出来的历史信息来推断风险发生的概率和后果。这种方法虽然实施起来比较容易，但是在实施过程中过于依赖历史资料，具有一定的缺陷。

采用外推法有3点注意事项：一是必须保证历史资料完整、没有错误；二是当下环境与历史环境相似，没有发生太大变化；三是每一个事件都是独立存在的，不具有因果关系。一旦这3点中的某一点有问题，就有可能导致外推结果出现较大偏差。为了修正偏差，公司处理历史数据的时候，可以让专家对历史数据进行修正。

另外，公司还可以对外推法进行细分，细分后包括简单平均法、移动平均法、季节变动分析法、线性趋势法等。

（1）简单平均法，即通过观察一定期限内的数据平均数进行外推。

（2）移动平均法，即用最近一组实际数据来预测公司和产品的未来发展趋势。

（3）季节变动分析法，即根据产品的季节性特征进行外推。该方法多用于分析时令产品（如羊毛衫、水果、冷饮等）的销售情况。

（4）线性趋势法，即通过分析项目指标的变化趋势发现问题，从而进行外推。

在具体的风控过程中，因时间紧迫，很多公司无法用准确度较高的方法预测风险。此时，公司可以对风险概率进行主观量化，得出一个大致的结论，以应对突发事件。一般来说，公司按照"高、中、低"或"高、较高、中上、中、中下、较低、低"来描述风险级别，并将工作重点放在应对高级别风险上。

5.4 风控关键点三：概率评估

在收集完相关的数据和资料后，公司就要开始对不确定性事件进行具体评估。公司可以参照概率论的方法，通过风险与机遇评估矩阵完成评估工作。这种方法是公司根据一定的数据进行测算，按照测算结果把项目分为高风险高机遇、低风险低机遇、高风险低机遇、低风险高机遇四大类，最后根据项目所属类别采取有针对性的措施。

风险与机遇评估主要分为以下4个步骤，如图5-2所示。

- 确定风险评估的指标
- 评价每个指标的风险影响
- 评价每个指标的风险发生概率
- 绘制风险与机遇评估矩阵图

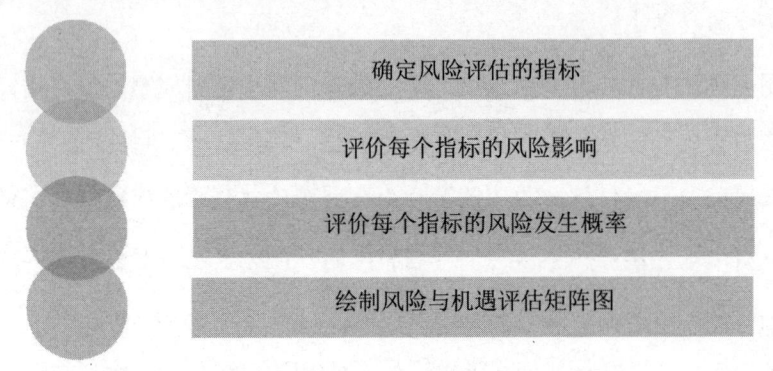

图 5-2　风险与机遇评估的步骤

1．确定风险评估的指标

行业不同，项目不同，风险评估的指标也不同。例如，电信行业风险评估的指标一般是相关政策的倾向、市场竞争的激烈程度、人们的道德水平（是否会恶意欠费等）、相关法律法规是否完善、体制和机构改革、原料和设备的价格、技术成熟程度、资金周转能力、国际汇率变动等。

2．评价每个指标的风险影响

确定风险评估的指标后，公司要罗列出发展过程中可能存在的不确定因素，然后量化风险对项目的潜在影响，并为每个指标对项目的影响力打分。

以1～5分为例，1分，即影响很小；2分，即影响较小；3分，即影响中等；

4分,即影响较大;5分,即影响很大。例如,对电信项目来说,相关政策的倾向就是 5 分,这一指标对项目的影响很大;而对日用消费品项目来说,相关政策的倾向可能是 1 分或 2 分。这一步骤可以帮助公司明确不确定因素影响力的大小,按照不确定因素对项目的影响力初步为其排序,并将其作为制定应对策略的依据。

3.评价每个指标的风险发生概率

公司应该明确风险发生的概率,即该风险是否容易发生。同样,公司还应该制定衡量标准,以 1~4 分为例,1 分,即不易发生;2 分,即可能发生;3 分,即容易发生;4 分,即极易发生。然后,公司将影响力的得分与概率的得分相乘,得到指标最终的风险发生概率。

4.绘制风险与机遇评估矩阵图

根据得出的分值,先将所有风险指标的得分相加,再将机遇指标的得分相加,最后绘制风险与机遇评估矩阵图,将项目的风险与机遇更直观地呈现出来。

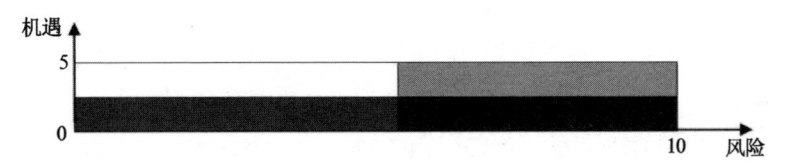

图 5-3 某项目的风险与机遇评估矩阵图

风险与机遇评估矩阵图的横坐标为风险,纵坐标为机遇,图 5-3 是某项目的风险与机遇评估矩阵图,其具有 10 个风险指标和 5 个机遇指标。通过风险与机遇评估矩阵图,公司能清楚地看到项目的风险与机遇分布比例,从而据此决定是否实施项目或者是否需要调整下一步工作。

风险虽无处不在,但也不是无法规避。公司要学会规避风险,将不确定性降到最低。即使遇到无法规避的风险,公司也不要自乱阵脚,要坚强地"挺"过去,要始终相信风雨过后会出现彩虹。

5.5 小心被合同"算计"

合同是公司开展经济活动和进行交易的重要法律文件,也可能是产生纠纷的根源。在日常经济活动中,一些公司对合同的风险认识不足,最终引发合同纠纷。公司处理这些纠纷,不仅需要花费大量的人力、财力,还需要承担相应的法律后果。因此,为了防患于未然,公司需要加强对合同风险的防范意识和自我保护意识,对合同风险进行识别与管理。

某团购网站曾与深圳某科技公司合作,让对方帮助自己进行网络推广。双方就此事达成一致协议,约定推广期为一年,推广费用为 20 万元,最后双方签订了合同。

合同中明确规定,推广费用分 3 次付清。第一次支付 5 万元定金,支付时间是在合同签订后一周内;第二次支付 10 万元,支付时间是在推广工作开始后的第二个月;第三次支付剩余的 5 万元尾款,支付时间是在推广工作开始后的第十个月。

这家团购网站如约支付了第一次应付的 5 万元,到了第二次约定的付费时间,便以推广效果不佳为由,拒绝支付应付款项,而该科技公司多次派人与其协商无果之后,只好将其告上法庭。然而,由于双方签订的合同中并没有关于违约事项及违约责任的明确规定,因此该科技公司的诉讼被法院驳回了,损失也只能由科技公司自己承担。

还有一个案例,某餐厅在七夕节前向某葡萄酒公司订购了 50 箱葡萄酒,合同中写着"甲方向乙方购买某品牌葡萄酒 50 箱"。之后,该餐厅收到 50 箱葡萄酒,每箱 6 瓶,但该餐厅认为订购的葡萄酒应该是每箱 12 瓶。

该餐厅就此事与葡萄酒公司争论,但对方表示合同中只规定了提供多少箱葡萄酒,没有规定每箱多少瓶,自己的所作所为并没有违反合同规定,是餐厅的理解有问题。最终,该餐厅因为货源短缺错过了七夕节这一销售良机,当月的利润受到了严重影响。

通过前面的案例我们可以知道，商业合作的双方完全是因利益驱动而建立合作关系的。在合作过程中，双方需要有明确的条文规定，即利用合同来维护各自的权益。如果没有合同或者合同中缺少相关内容，一旦一方违反了规定，另一方的权益即使受到侵犯，也无法得到法律的保护。因此，双方合作时必须有合同，而且合同的内容必须全面、清晰。

5.6 现金流困境：一分钱难倒英雄汉

公司经营就是现金流循环的过程。现金流是公司的生命线，一旦现金流断裂，公司就会陷入困境。许多公司倒闭、破产都是因为现金流断裂，没有现金流，公司无法生存，同时创业者也会陷入"一分钱难倒英雄汉"的窘境。

为了避免现金流出现问题，公司必须加强现金流管理。现金流管理的方法，如图5-4所示。

- 编制现金预算，加强资金调控
- 建立健全现金流财务管理制度
- 加强现金流量管控
- 现金流财务管理信息化
- 融资渠道多元化
- 加强管理人员的现金流管理意识

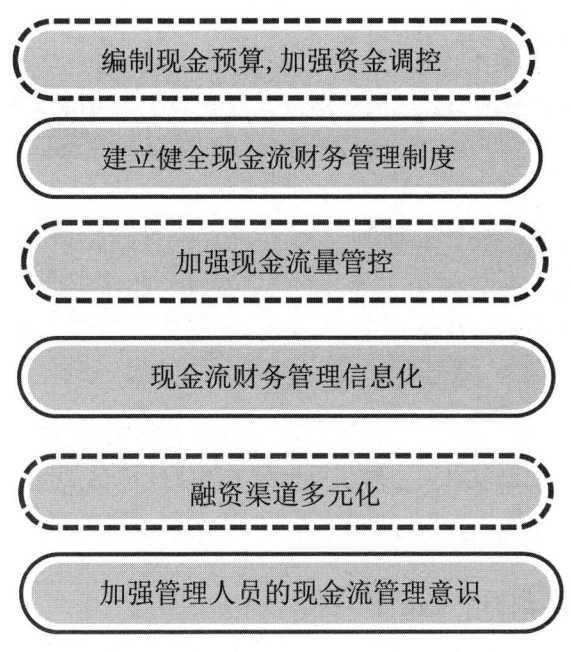

图 5-4 现金流管理的方法

1. 编制现金预算，加强资金调控

现金预算是现金流管理的主要内容。通过编制现金预算，创业者可以掌握现金流入、流出的情况，及时补足余额。创业者要按收入提取一定比例的准备金，以预防经营风险，避免公司出现现金流断裂危机。

2. 建立健全现金流财务管理制度

创业者应建立健全现金流财务管理制度，严格管理每一笔应付款和预付款，并进行严格的预算、核算，用制度保证资金的收支平衡。

3. 加强现金流量管控

为了加强现金流量管控，创业者应做好现金流量和流速的管理。在不同时期，公司的现金需求量会有较大变化。为了更好地利用现金，创业者要根据自身经验和公司的实际发展情况，确定公司现金额度的上限。

4. 现金流财务管理信息化

电子信息、大数据等技术的发展为公司现金流财务管理提供了便利。为了推动公司向前发展，创业者要及时更新财务管理方式，利用现代化数据信息，节约公司财务管理成本，提升财务管理信息化程度和效果。

财务数据信息化系统具有快速查找、精确分析等功能，可以对财务数据进行整合、归纳。财务数据信息化不仅能提高现金流信息的传递效率，还能增强现金流数据的收集分析能力，加强公司现金流管理。

5. 融资渠道多元化

多元化的融资渠道可以为公司获得充足的现金流提供保障，降低公司现金流断裂的风险。

6. 加强管理人员的现金流管理意识

现金流是否能合理流动在很大程度上取决于管理人员。因此，公司要加强对

管理人员的培训，使其及时更新财务知识，增强其现金流管理意识。

上海一家发展势头非常好的商业公司，主营大型超市，在利润率达到20%、资产达千万元的情况下倒闭了，原因是这家公司的现金流出现了问题，没有资金偿还应付款、给员工发工资。这家公司不能如期偿还债务，最终在债权人的请求下，法院对该公司进行了破产清算。

直到现金流断裂，这家公司中没有一个人察觉到现金流出现了问题。由此可以看出，这家公司的管理人员没有现金流管理意识。

广东一家科技公司就非常重视现金流管理，该公司规模较大，每天技术与设备方面的现金支出非常多，但现金流非常充足，原因就在于这家公司合理利用了现金流时间差。

每天银行下班前，这家公司的财务人员会将所有的余额全都转到公司总账户。第二天早晨，财务人员就能根据资金总额对资金进行合理分配，例如，今天采购设备要花多少钱，财务人员可以凭借已批复的申请单直接划出去；哪个部门的员工要出差，财务人员就直接将资金划过去，剩余的资金直接回流到总账户。

这样既能控制总量，又能将资金安排简单化处理。同时，这家公司每周还会公开现金流量表，对现金流入、流出的情况进行汇总。

从上述两个案例中我们可以看出，对公司来说，在日常运营中进行现金流管理非常重要，可以确保公司有钱、能赚钱、不乱花钱。

5.7　重视税务筹划，别碰"高压线"

所谓税务筹划，是指公司在遵守法律法规的基础上，通过科学合理的税务管理方式，使税负最小化及利益最大化的行为。换句话说，税务筹划就是公司通过对经营、投资、筹资等活动进行合理安排来节省税费的行为。

大部分创业者都有税务筹划意识。一些创业者因为对税务筹划理解不到位，所以对税务筹划存在很多误区，使公司的税务风险大幅提升。要想做好税务筹划，就要避开税务筹划的误区。那么，税务筹划存在哪些误区呢？

误区一：混淆税务筹划和偷逃税的概念。

创业者要想做好税务筹划，首先要明确税务筹划的概念。创业者需要在遵纪守法的前提下，对涉税的相关业务进行筹划，选择科学合理的方式缴纳税款。虽然税务筹划的最终目的和偷逃税的最终目的相似，都是降低公司税负、减轻公司的财务负担，但是税务筹划是合法的、可操作的，而偷逃税是违法的。

误区二：只要是好的财务人员，就一定懂税务筹划。

很多创业者都会把税费过多归咎于财务人员不懂税务筹划，这是一种误解。税费是随着业务开展而产生的，而业务是由合同决定的，合同是创业者签订的。由此可知，创业者是税务筹划的直接关系人。合同怎么签、业务如何开展等，都与税费的多少有着密切的联系。

税务筹划是公司在税收结果产生前针对降低税负所做的一系列规划与调整，具有一定的筹划性和过程性。倘若公司的经济行为已经完成，税收结果已经产生，公司就不能让财务人员通过做账来减少税费。

误区三：税务筹划等于节省税费。

很多创业者认为税务筹划的目的就是减轻公司税务负担，因此在进行税务筹划时一味追求降低税费，不考虑是否存在风险、是否违法，这很容易使公司因小失大，陷入困境。

创业者进行税务筹划的时候要避开以上 3 个误区，保证税务筹划具有科学合理性、可操作性和合法性。另外，创业者还要了解税务筹划过程中可能存在的风险，并通过合适的方法规避风险。

1．税收政策风险

税收政策风险主要是指税收政策的调整，可能会加重公司的税负，影响公司盈利和投资回报水平，使公司经营陷入困境。由于市场环境多变，相关政策也会根据实际情况进行调整、完善，具有一定的不确定性和时效性。因此，创业者在做税务筹划时一定要关注最新政策，这样才能规避风险。

2．税务筹划的主观性风险

税务筹划的主观性风险主要包括两个方面：一是创业者对现有税收政策的理解及认识存在偏差；二是创业者对税务筹划条件的认识及判断存在偏差。创业者对税收政策的主观判断对税收筹划能否成功具有关键性的作用。

如果创业者对税收、财务、法律等方面的相关政策与业务有深刻的理解和认识，公司税务筹划成功的可能性就会很大。反之，不仅难以给公司节省税费，还有可能使公司面临的税务风险变大。

3．税务行政执法偏差风险

在税务筹划过程中，公司的相关措施只有得到税务部门的确认，才是合法的。但是在确认过程中，因为税务行政执法可能出现偏差，所以公司会面临税务筹划失败的风险。

造成税务行政执法出现偏差的原因有 3 个：一是现行有关税收的法律法规不够完善，给税务行政执法留有一定的裁量空间，增加了公司税务筹划失败的风险。二是部分税务行政执法人员的业务能力不强，没有树立法治观念，导致税收政策在执行上出现偏差。三是税收行政执法过程缺乏透明性，增加了公司税务筹划失败的风险。

税务筹划面临上述风险，那么创业者应该如何规避呢？

首先，创业者应加强对税收政策的学习、理解，树立风险意识。

创业者应强化对现有税收政策的学习和理解，做到深入、全面地认识国家、地区在税收方面的法律法规。只有这样，创业者才能在进行税务筹划时提前预测可能出现的风险，并制定风险规避方案。也只有这样，创业者才能从多个纳税方案中挑选出对公司比较有利的方案，进而保证税务筹划方案能够在合法的前提下为公司创造最大利益。

其次，创业者应加强与税务机关之间的联系与沟通。

公司进行税务筹划的最终目的是合法节税，要实现这一目的，关键在于公司能否获得税务机关的认可。只有在税务机关认同、公司守法的前提下，公司的税务筹划方案才能为公司带来实际利益。

但现实却是，很多公司的税务筹划方案都是在法律的边缘运作的。由于对一些问题的界定并不清晰，创业者很容易做出错误的决定。

对此，创业者需要正确理解税收政策，加强与税务机关的联系，以便知晓当地税务机关税收征管的特点及具体方法，进而规范自己的行为，以得到税务机关的认同和指导。创业者在经营公司的过程中应该坚持诚信第一，诚心诚意地与税务机关进行沟通。

最后，提升公司税务筹划人员的工作能力及工作素质。

税务筹划成功与否，与公司税务筹划人员的主观判断密切相关。因此，公司税务筹划人员在实际工作中应养成依据客观事实分析问题的习惯，避免主观臆断。为了做到这点，税务筹划人员不仅需要具备税收、财务、会计和法律等方面的专业知识，还需要具备良好的沟通协作能力和经济预测能力。

5.8 遭遇产品侵权事件怎么办

在市场上获得成功的产品，被侵权的概率比较大。产品侵权问题主要有两类：

一类是直接侵权,即侵权行为对公司造成直接损害,如恶意盗取客户信息用来牟利。另一类是间接侵权,即侵权行为对公司的产品造成一定的负面影响,如在一定程度上剽窃产品的外观设计、交互设计、信息架构等,虽然这类侵权不会让公司遭受直接损失,但是它属于不正当竞争,严重的还会构成违法犯罪。

当遇到产品侵权问题时,创业者需要做好以下几个方面,如图 5-5 所示。

明确侵权类型

制定应对策略

将应对策略落地

及时完善产品

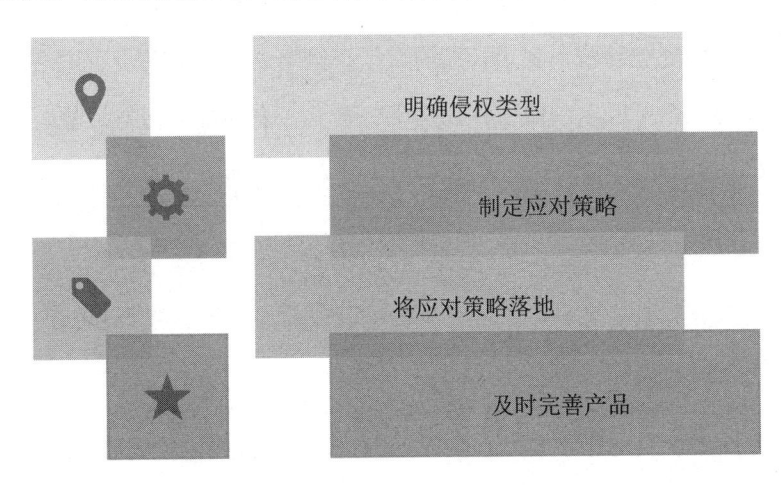

图 5-5　如何解决产品侵权问题

1. 明确侵权类型

创业者需要明确侵权类型,如果属于间接侵权,即产品逻辑、运营文案等被抄袭,就需要确定被抄袭的内容有哪些,从而采取相应的措施;如果属于直接侵权,就要尽快割断侵权链条,最大限度地减少损失。

2. 制定应对策略

在明确侵权类型后,创业者要对侵权事件的具体情况进行整理,并制定应对策略。应对策略最好做到"双管齐下",即包括短期和长期两个层面的策略。

短期策略为应急策略,决定了公司对当下的侵权事件采取怎样的处理方式。如果创业者想高调应对,就可以诉诸法律和媒体,提高事件的曝光率。这样做一方面可以提高产品的知名度，另一方面可以通过舆论谴责侵权方。如果创业者想低调处理，就应避免让媒体和其他公司得知此事，避免把事情闹大。

以上两种办法都是可行的，至于采取什么样的办法，创业者应从具体情况出发做出决策。

长期策略，即长期反侵权策略。在处理好当前侵权问题之后，创业者需要以长远的目光看待侵权问题，制定长期的反侵权策略。如果此前没有遭遇产品侵权事件，那么创业者可以以当前事件为基础，建立一套标准的应对流程，包括遭遇产品侵权事件后的工作流程、采用哪种应急方案、如何进行谈判等。

3. 将应对策略落地

在制定好应对策略之后，创业者要做的就是执行策略，主要包括产品方面的应对和公司方面的交涉。

产品方面的应对是指创业者需要对产品进行适当的调整，如修复产品的漏洞、封禁可能被利用的 API（Application Programming Interface，应用程序编程接口）等。同时，在进行相应的处理时，创业者需要留下一些数据方面的、足以说明侵权情况的证据。这些证据有利于公司在日后的谈判或诉讼中获得胜利。

同时，创业者还要进行必要的公关活动。

首先，创业者需要启动法务方面的处理程序，这是最基本的举措。公司具备完善的法务后盾可以保证公司迅速启动法律追责程序。

其次，对侵权方进行商务方面的警告。创业者可以向侵权方发送侵权警告邮件，也可以在公司官网上发布关于侵权的官方声明或警告。这些做法可以对侵权方造成一定程度的威慑。

最后，创业者需要与侵权方进行直接交涉，即谈判。创业者需要在谈判中明确侵权方的责任，表明自己的处理办法，并给予必要的警告。

4．及时完善产品

遭遇产品侵权事件，说明产品在设计方面可能存在漏洞，创业者需要借此机会对产品进行完善，避免此类事件再次发生。例如，产品的客户信息被盗取，可能是因为产品开发存在技术漏洞；产品逻辑被抄袭，创业者就要思考有没有更完善的逻辑和交互方式。通过对以上问题的思考，创业者可以及时优化产品，规避产品被侵权的风险。

管理

管理篇

管理篇
激发组织效能

第 6 章

团队管理：让人才为公司赋能

美国商业杂志《财富》每年都会评选"最适宜工作的 100 家公司"，谷歌曾经多次名列第一，成为诸多职场人理想中的"东家"。谷歌最具吸引力的，是其与众不同的团队管理模式。谷歌把团队看作一个个可以随时变换、组合的"小细胞"，这些团队为谷歌带来了无限活力，也是谷歌得以迅速发展和扩张的秘诀。因此，创业者应该向谷歌学习，重视团队管理。

6.1 扁平化组织架构与"大公司病"

如今，创业者普遍青睐金字塔式组织架构，但在这种组织架构下，信息需要层层传递，公司无法及时应对复杂、多变的市场环境，而扁平化组织架构可以解决此问题。

在扁平化组织架构下，领导只是带领团队前进的"引擎"，真正的核心"轴承"是员工。这种组织架构尤其适用于初创公司，能够很好地帮助初创公司远离"大公司病"。

扁平化组织架构是如何解决"大公司病"的呢？主要体现在 3 个方面，如图 6-1 所示。

图 6-1 扁平化组织架构解决"大公司病"

1. 日常决策权的下放

从日常决策权的下放情况来看，金字塔式的组织架构更趋向于中央集权。在这种组织架构下，权力是相对集中的，管理层往往享有管理公司的特权，业务方向正确与否往往是由拥有高度集中的权力的管理者判定的。

在扁平化组织架构下，决策权不再聚焦在一个中心，而是趋于分散。管理层、决策层和执行层都是扁平化组织架构的一分子，决策往往是由组织中的所有成员做出，每个成员都能贡献自己的智慧和建议，为公司的发展出谋划策。

2. 个人身份和角色的改变

扁平化组织架构将权力分散开来，管理者在公司中起什么样的作用呢？扁平化组织架构中的管理者从指挥、领导的角色变为团队的资源提供者、分配者，思路的指导者、设计者，规则的制定者、维护者，其主要作用是为团队做指导、调整、纠偏。加强各成员对组织的了解，激励成员不断地学习、进步是管理者的主要任务。

3. 信息保密等级的区分

扁平化组织架构对信息保密等级进行了区分，不同层级的成员的信息保密等级各不相同。决策层接触的是公司的核心机密，如重大战略规划、合作伙伴、资本运作方案、核心资源等；执行层接触的是非核心机密，如项目的具体信息等。

另外，扁平化组织架构也对处理信息的数量进行了区分。员工拥有的信息量越大，处理信息的能力越强，为团队提供的支持和帮助越多，在团队中的位置和作用也就越重要。

综上所述，看似是扁平化组织架构将传统的金字塔式组织架构"拍扁"，其实它的逻辑和意义非常深刻，很值得创业者花费时间和精力去探索。

6.2 多渠道招聘，丰富人才库

招聘是公司根据人力资源管理情况，以及岗位对人才数量与质量的要求，采取一定的方法选拔符合条件的求职者并聘用的过程。创业者招聘的时候应掌握一定的方法，充分利用各种招聘渠道，丰富公司的人才库。

目前，比较常用的招聘渠道包括线上招聘、校园招聘、猎头招聘等。

1. 线上招聘

招聘App的出现让招聘变得十分方便，创业者只需在手机上操作，便可筛选求职者并与对方沟通。目前，求职者常用的招聘App有6款。

（1）智联招聘是很受欢迎的招聘平台，业务众多，包括网络招聘、校园招聘、高端招聘和外包服务。智联招聘几乎能满足公司的所有招聘需求，口碑也不错。

（2）前程无忧是我国互联网百强公司，也是第一家在美国上市的中国招聘平台。前程无忧上的职位涵盖了各行各业，包括互联网、金融、房地产等行业，招聘者的回复率相对较高，十分实用。

（3）猎聘网成立于北京，它的定位是中高端招聘平台。无论是 PC 端还是移动端，猎聘网的客户体验都不错，且发展相对成熟。猎聘网上的职位涵盖房地产、互联网、金融等行业。

（4）BOSS 直聘是比较"年轻"的在线招聘平台，核心是"直聊+精准匹配"。创业者可以与求职者在线上直接沟通，省去冗长的应聘环节，提升招聘效率。

（5）拉勾招聘是一家专注于互联网垂直细分领域的招聘平台。如果创业者从事互联网相关行业，就可以去拉勾招聘寻找相关人才。

（6）58 同城。58 同城是同城信息平台，以"本地化、自主免费、真实高效"为特点，创业者可以在上面寻找同城应聘者。

在招聘时，创业者可以在每个招聘 App 上都尝试一下，根据不同的招聘需求选择适合自己的。例如，招聘中高端人才可以选择猎聘网，互联网行业的公司可以选择拉勾招聘等。

2．校园招聘

校园招聘指的是公司直接从学校招聘应届毕业生，是一种特殊的招聘方式。校园招聘有利于创业者与求职者面对面交流，快速找到对口专业的求职者。

进行校园招聘前，创业者要明确哪些学校、哪些专业是主攻对象。创业者可以在各个院校广泛招聘，也可以与几所院校进行深入、长期的合作。合作院校的选择一般要根据招聘条件、岗位职责等方面来确定。

另外，校园招聘的参与者众多，公司一不小心便会沦为陪衬。创业者可以采取一定的方式吸引求职者的注意，如赠送小礼品、举办一些特色活动等。

3．猎头招聘

一个优秀的猎头可以为公司提供许多高素质人才，但如何寻找猎头并与其展开高效合作是一项难题。通常判断猎头是不是足够优秀，可以从以下 4 个方面入手。

（1）判断猎头是否可靠，首先要看其是否有正规的办公场所。许多不可靠的猎头，为了节约成本将办公地点设置在居民楼中。如果猎头没有一个良好的正规的办公场所，你又怎么能期盼他有好的人才资源呢？

（2）专业的猎头往往深耕于某个行业，十分了解行业动态与薪酬情况。在合作前，创业者可以询问猎头擅长的行业，了解他们对该行业的熟悉程度，以及在该行业中拥有的人才资源。

（3）可靠的猎头必然拥有良好的口碑与成功的客户案例。创业者与猎头沟通的时候，可以要求对方展示成功的客户案例，以考查对方的实力。

（4）有实力的猎头必然拥有雄厚的注册资本与强大的猎头团队。创业者选择猎头的时候可以先与猎头团队进行初步沟通，考查其业务水平与能力，再考虑是否与其合作。

招聘不是公司招几名员工这么简单，而是与公司未来的发展和规划息息相关，其实是在为公司储备人才，帮助公司赢得竞争。基于这个目的，创业者应该设置严格的招聘流程，谨慎选择招聘渠道，同时保证招聘的公平、公正、公开。

6.3 打造有吸引力的薪酬体系

薪酬直接关系到员工的利益和公司的发展，员工非常重视，因此，公司的薪酬体系设计就成为一个非常关键的问题。通常一个合理的薪酬体系由以下 4 个部分组成。

（1）基本薪酬：根据劳动合同或国家及公司规章制度规定的工资标准计算的工资。与其他薪酬相比，基本薪酬相对稳定，是员工努力工作的基础，也是员工安全感的保证。在公司中，基本薪酬与员工所在岗位、能力、学历、工作经验等相关。

（2）绩效薪酬：根据员工的工作表现和取得的绩效结果给予员工的奖励性薪

酬。绩效薪酬往往随着员工的工作表现及绩效结果的变化而调整。很多创业者借助绩效薪酬对员工的总薪酬进行调控，目的是提高员工的工作积极性，最大限度地激发他们为公司创造更多价值。

（3）激励薪酬：薪酬体系中随着员工工作努力程度和劳动成果的变化而变化的部分，与绩效结果直接挂钩，有一定弹性，是可变性薪酬。

（4）福利保险和服务：公司发放给员工的其他形式的薪酬。这类薪酬可以帮助公司吸引员工、留住员工，提高员工对公司的归属感和信任感。与前3项薪酬不同的是，这类薪酬一般不需要纳税，对员工来说更具有价值。

薪酬体系要在合法、合理的基础上起到激励员工的作用。基于这个要求，员工的薪酬应该包括两个部分，即固定工资和浮动工资。固定工资是员工工作的保障，如基本薪酬、福利保险和服务，而浮动工资则是为了激励员工而设的，如绩效薪酬、激励薪酬等。

薪酬体系还要具有外部竞争性。也就是说，公司的薪酬水平尽量不低于同行业的平均水平。例如，百度作为互联网行业的巨头公司，给员工开出的工资在整个行业中具有很强的竞争力。这样不仅能激发员工的工作热情，还能吸引更多高素质人才。与此同时，百度的外部竞争力也在无形中得到了大幅度提升。

更重要的是，薪酬体系既要符合公司的实际情况，也要考虑员工的想法和需求。这样更容易让员工满意。员工满意了，自然就会认真投入工作。

6.4 培训：不同员工各有侧重

任何一家公司都希望招聘到的员工能高效、超额地完成工作。实际上，不同的工作有不同的特点，新员工几乎不可能很快地掌握有效的工作方法，这需要公司为员工提供培训。在大型公司中，员工的工龄、岗位、学历等方面都存在着差异，如果将这些员工集中到一起培训，显然培训效果不会很好。

正确的做法是分层次对员工进行培训。例如，针对公司的高层管理人员，培训重点应该是拓展他们的经营管理理念、强化他们的管理能力。这些人决定着公司的发展前景和方向，是公司的灵魂所在。因此，为他们制定的培训方案应该是最高级别的。

如果培训对象是公司的中层管理人员，就应该根据他们的岗位及他们对公司发展起到的作用制定培训方案。对于这类员工，培训重点往往是提高他们的管理水平、素质、执行力等。

公司的技术人员掌控着公司的核心竞争因素，因此，对他们进行培训的重点是提高他们的研发能力、创新能力等。公司要想在一个领域内脱颖而出，技术是关键。掌握了领先的技术，公司就很容易在领域内占据领军地位。

虽然相较于管理层员工、技术类员工，普通员工对公司的影响不是很大，但他们也是不可或缺的。缺乏这些员工，其他岗位的工作，甚至整个公司的工作都难以正常开展。针对普通员工，培训重点应该是使其了解工作内容、熟悉公司文化等。

6.5 淘汰机制激发团队执行力

公司以薪酬、福利等吸引员工加入，推动业务发展，保证各项工作正常开展。那么，员工一定能胜任工作吗？这就需要考核机制来判断。根据考核结果，公司应该淘汰不合格的员工，从而保证整个团队的战斗力。而要想使淘汰有科学依据，公司就要建立淘汰机制。

淘汰机制是一种强势的考核机制，核心是"能者上，平者让，庸者下"。它会给员工带来压力，促使员工积极、努力工作，进而提高公司的整体竞争力。

在现代公司管理制度中，淘汰机制是一种较为公平的考核模式。员工不用担心自己的学历、工龄等方面的因素阻碍自己晋升，只需要尽可能地展现自己的实力、发挥自己的才能即可。当然，淘汰并非只有离职这一种形式，还有降职、轮岗等形式。

建立淘汰机制是为了激励员工，提高公司整体的战斗力，不是为了为难员工。考核一般按月进行，很有可能某员工只是在这一个月的考核中不合格，而在先前的考核中都是出色的。因此，创业者实施淘汰机制的时候，不能只以某个月的考核结果为评定标准，要综合考虑员工的表现。

如今，国内很多知名公司都已实行了淘汰机制，如华为、联想、海尔等，这也是它们能一直在各自领域中保持较强竞争力的原因之一。实行淘汰机制需要有一定的前提条件，即建立在合理、公平的考核方法之上。一般来说，有以下3种方法。

（1）MBO（Management by Objective，企业目标管理）考核法：将考核标准设定为一个个目标，以被考核员工能否在考核期内完成目标作为考核依据。MBO考核法突出的特点是员工可以参与目标的制定，这有利于激发员工的自我管理能力，激励其努力向前。

（2）行为锚定法：以文字的方式拟定员工的行为标准，考核人员依此逐条检验员工的表现。行为锚定法的流程包括获取关键事件、建立绩效评价等级、对关键事件重新分配、对关键事件进行评定、建立最终的绩效评价体系。

（3）平衡计分卡：从财务、客户、内部运营、学习发展等4个方面入手，将公司的战略目标拆分为具体的业绩指标，对员工进行考核。考核人员要利用多种信息传输渠道与手段，如宣传栏、电视、广播等，在员工中广泛传播这些指标，让员工了解公司的愿景和战略。

要建立合理、公平的考核方法，还需要创业者有较强的全局观念，能把握好公司的整体发展需求。而且，创业者对事物必须有比较客观的认识和理性的处理方式，最好还具备一定的人力资源管理知识。只有将理论与实践结合在一起，才能保证考核方法发挥更好的作用，从而使淘汰机制的实施结果更准确、有效。

6.6 有效沟通保证团队凝聚力

美国通用电气前CEO杰克·韦尔奇曾说："管理就是沟通、沟通、再沟通。"

有了沟通，创业者才能将重要事项交代清楚，掌握员工的执行情况；员工才能知道执行的方向和自己要实现的目标，明确自己应该做什么工作。

沟通看似很简单，但真正达到想要的沟通效果并不是一件容易的事。"乔哈里资讯窗"是一个沟通技巧理论，也被称为"信息交流过程管理工具"，最早是由美国的两位社会心理学家乔瑟夫·卢夫特（Joseph Luft）和哈里·英格拉姆（Harry Ingram）提出的。

"乔哈里资讯窗"理论主要包含的沟通要素有情感、态度、观点、目的、技巧等，它将人的内心世界分为4个象限，分别是开放区、盲目区、隐秘区、未知区，如图6-2所示。

图6-2 "乔哈里资讯窗"

1. 开放区

开放区涵盖所有人都知道的信息，如员工的姓名、性别、职位和性格特点等。开放区具有一定的针对性，有些信息对某些人来说是公开的，而对某些人来说又是神秘的。在人际交往中，你与他人共同的开放区越多，沟通起来就越顺畅，越不容易产生误会。信任是沟通的基础，你与他人的信任程度越高，信息开放区就越大，沟通基石就越坚固。

2. 盲目区

盲目区是别人知道但你自己不知道的信息区域，这是你自己的信息盲点。例如，你不好的习惯、性格上的缺陷、你的部分处事方式、你给别人带来的感受等。一些地位高、权势大的领导往往容易陷入沟通的盲目区。这些人日常很难听到别人对自己的真诚建议，听到的往往是一些阿谀奉承的话，这些话是没有太多真正价值的。因此，创业者应该学会倾听，保持谦虚和包容，多给予别人与自己真诚沟通的机会。

3. 隐秘区

隐秘区是别人不知道但你自己知道的信息区域，通常这也是你的秘密。例如，你的计划、你的目标、你的某些经历、你的某些喜好和憎恶等。无论多么真诚的人，都有信息沟通的隐秘区，完全没有隐秘区的人往往是不够成熟的。

不过，有时适度打开隐秘区也是增强沟通效果、提升沟通成功率的捷径。因此，我们在沟通的过程中，要注意适当保护自己的隐秘区，同时也不能过于封闭。对于过于神秘、封闭的人，我们也要多加提防。

4. 未知区

未知区是所有人都不知道的信息区域。例如，身体内潜在的疾病、未来可能发生的意外事件等。未知区犹如尚待挖掘的黑洞，人们往往需要通过某些必然或偶然的机会，才能够接触并深入了解它。每个人都应该尽可能地缩小自己的未知区，在与他人沟通的过程中，对于可能存在或可能发生的事情要多加留意，以恰当的方式尽力获取更多有用信息。

沟通是一门学问，在沟通过程中，创业者要分辨对方的开放区和盲目区，尽量不要触及对方的隐秘区和未知区。另外，创业者也不能只会冷冰冰地下达指令，还应该营造气氛、积极引导，对员工所说的话表示出强烈兴趣，带着理解、尊重和关心认真地倾听。

6.7　能否让亲戚到公司工作

在创业过程中，很多创业者偏向于让亲戚担任重要职位，这样的安排可能会给公司带来重大损失。一般来说，聘请亲戚到公司工作的弊端有以下几个。

1. 依仗着自己的身份搞"个人特权"

随着公司的发展，可能会有许多员工加入公司，而创业者的亲戚因为在公司工作的时间较长，难免会借创业者的名义行使特权，导致其他员工敢怒不敢言。创业者的亲戚在公司行使特权会破坏团队氛围，既不能让公司吸引优秀员工，又会引起其他老员工的不满。长此以往，公司不会有长远的发展。

2. 亲戚能力有限，阻碍公司发展

一些创业者的亲戚的能力不足，无法胜任更高的职位。然而，创业者的亲戚大多都身居高位，其能力不足会导致公司的一些决策出现偏差或一些项目无法高效落地，阻碍公司发展。

3. 亲戚阻碍公司变革

公司发展到一定阶段，可能会对团队进行重建。这不仅需要强大的勇气与执行力，还需要员工的配合，但创业者的亲戚更偏好安于现状，对变革不理解、不配合，执行也不到位，最终对公司造成极大的消耗。

聘用亲戚到公司工作的弊端很多，因此，创业者应根据能力选拔人才。创业者可以制定奖励机制，让员工自主推荐人才。这是公司获得人才的重要手段之一，有利于降低招聘成本，缩短招聘周期。而且，通过这种方式招聘的人才更稳定，与岗位的匹配度更高。

6.8　妥善处理离职员工

员工离职或多或少都会给公司造成损失。例如，公司在招聘、培养员工方面付出的时间和精力付诸东流，对公司的业务发展、客户留存等产生影响。为了降低员工离职对公司造成的影响，创业者必须了解员工离职流程，对离职的员工进行妥善处理。

（1）离职申请。员工应该提前一个月提交离职申请，并填写离职申请表。需要注意的是，离职申请表中有两个必填项，即预计离职日期和离职原因。

（2）离职审批。员工提交离职申请后，需要获得上级领导、部门领导、人力资源总监的审批。审批通过后，才能办理离职手续。

（3）工作交接。工作交接主要分为物资交接、工作移交两个部分。在物资交接时，离职员工应该将文件、档案等所有纸质资料与电子文档交接给上级领导，将办公的物资、工作证、钥匙等交接给行政人员。在工作移交时，离职员工应该填写《离职工作交接表》，将移交的工作进行详细的书面记录，使工作移交顺利进行。

（4）财务确认。财务确认包括确认离职员工是否欠公司钱财，如预支工资，以及离职员工最后一个月的工资计算。如果离职的员工被裁员了，还要确认补偿款。

（5）资产回收。资产回收包括系统账号、办公软件账号、办公电脑、键盘等的回收。

（6）离职证明。离职证明是离职的最后一步，是公司与员工解除劳动关系的书面证明。

除了按照离职流程为员工办理离职手续，创业者最好与离职员工进行一次面谈，了解他离开公司的真正原因及公司在哪些方面应该有所改进。此外，创业者还要祝愿离职员工以后发展顺利，力争即使离职员工以后不再回到公司，当他和朋友谈起公司时，传播的也是公司的正面信息。这样有利于维护公司的长远利益，不让员工离职对公司造成恶劣影响。

第 7 章

产品管理：以数据驱动产品进化

产品管理是公司管理的重要内容。只有产品管理到位，公司才能长久发展。要想做好产品管理，创业者就要进行数据分析，秉持更新迭代思维，并做好质量管理。下面将会一一讲解这些内容。

7.1 数据分析流程：确定目标+采集数据+详细分析+改进数据

随着信息时代不断发展，数据分析在公司中的重要作用日益显露。数据分析可以为产品设计提供依据，指导公司的产品决策。一个完整的数据分析流程包括4个部分：确定目标、采集数据、详细分析、改进数据。

1．确定目标

公司在进行数据分析前，需要结合自己的业务确定数据分析的目标和可衡量的指标，并对指标进行拆解，确定最小单元的可收集数据。这样不仅可以对数据进行有针对性的分析，提高工作效率，还可以避免因采集过多数据而造成数据资源浪费。

2. 采集数据

确定目标后，公司就要有针对性地采集数据。数据的来源多种多样，包括客户全生命周期数据、网络上的行业调查报告及人工整理的访谈或聊天内容等。公司应该根据数据分析的目标确定采集哪些具体数据，采集数据的时候应该注意以下3点。

（1）将需求转化为具体要求。例如，电商公司想了解客户的购买能力，需要收集的数据包括客户的购物频率、单次消费金额等。

（2）明确采集数据的时间、渠道和方法。

（3）采取一定的措施，避免数据丢失和虚假数据对数据分析结果的干扰。

3. 详细分析

要想对采集到的数据进行详细分析，公司必须对产品的情况了如指掌，从而结合自己的产品选择合适的数据分析方法。常用的数据分析方法是分类、聚合。Excel是最简单的数据分析工具之一，比较专业的数据分析工具有Python和Power BI。

4. 改进数据

改进数据有利于提高数据分析的有效性。公司可以通过以下几个方面评估数据分析的有效性，根据分析结果考虑数据是否需要改进。

（1）进行数据分析后做出的决策是否可信，是否存在因数据不准确、滞后而造成决策失误的问题。

（2）关注数据分析是否有效应用于产品的生产与销售过程，对改进产品的作用是否与预期目标一致。

（3）判断数据分析的方法是否合理，是否有效规避了可能出现的风险。

（4）关注数据分析所需的资源是否得到充分保障。

7.2 数据分析框架：AARRR 模型+漏斗分析框架

在数据分析过程中，公司可以使用一些数据分析框架以提高工作效率。其中，一个重要的数据分析框架是 AARRR 模型。AARRR 模型的 5 个大写字母分别代表五步，如图 7-1 所示。

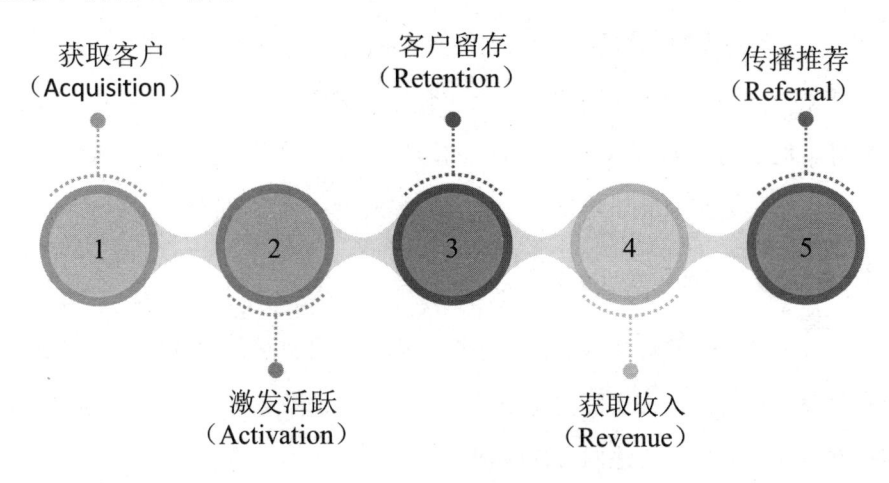

图 7-1 AARRR 模型

1. 获取客户（Acquisition）

获取客户是产品管理的第一步，即对产品进行推广。公司可以通过不同的推广渠道、多样的宣传方式获取客户，并对各个渠道和各种宣传方式的推广效果进行评估。最后，公司可以对推广效果比较好的渠道和方式加大投入，用最低的成本获取更多客户。

2. 激发活跃（Activation）

获取客户后，公司需要通过优惠的价格、有趣的内容提高客户活跃度。在产品策略方面，公司可以通过会员机制激发客户活跃度，会员可以获得独特的 VIP 标志并在购买产品时享受优惠。同时，公司还需要关注客户数据，包括客户数量、使用频率和停留时间等。这些数据能够体现公司是否激发客户活跃度，若客户活跃度不高，则公司可以适当调整产品策略。

3．客户留存（Retention）

公司在提高客户活跃度后，需要考虑如何留存客户，将活跃客户变成忠实客户。在业务层面，公司可以通过优质的产品、贴心的服务来提高客户留存率。在产品模式上，公司可以设置会员签到和奖励机制，以提高客户留存率。

例如，亚马逊曾推出这样一个会员项目：缴纳 99 美元的会员费，就可以享受免费配送服务。当时因为美国的人工配送服务收费比较高，所以此项目不被大多数人看好。但亚马逊的目标是改变客户的习惯，客户习惯了会员的优惠价格与服务后，便很难再去其他商场购物。这样可以有效提高客户留存率。

4．获取收入（Revenue）

获取收入是产品管理的核心，是指公司通过让客户买单的过程，最终将活跃客户转化为付费客户。在实际交易中，公司有一定的业务延伸，可以通过广告、应用付费、业务分成等方法向客户收费，获得利益。

5．传播推荐（Referral）

随着社交网络的兴起，基于社交网络的传播成为公司获得客户的新途径。传播推荐的成本较低，效果较好。只要产品自身足够好，就会有良好的口碑。

从传播推荐到再次获取新客户，产品运营的过程就像螺旋式上升的过程一样。优秀的产品能够很好地利用该过程不断向上发展，扩大自己的客户群体。

虽然 AARRR 模型有一定的价值，但是其中的每一步都有可能存在客户流失的风险。此时，公司应该如何分析每一步的转化率呢？漏斗分析法是一个非常不错的计算转化率的方法。

漏斗分析法常被用于分析客户转化和客户流失问题，其主要关注两个指标：客户转化率、客户流失率。漏斗分析的目的是找出存在问题的业务环节。公司可以分析客户主要在哪个业务环节流失，以及流失的原因，并通过解决问题来减少客户流失。

第7章 产品管理：以数据驱动产品进化

在产品管理各环节中实现转化的客户对产品更忠诚，也更认可公司的业务流程，会为公司创造更大的价值。随着转化的客户不断增多，留存的客户不断增加，产品的盈利水平也会有所提高。

漏斗分析法以 AARRR 模型为基础，公司可以由此得到一张以客户增长为核心的漏斗分析图。但是，不同行业的业务流程各不相同，所以漏斗分析图要根据行业进行调整，以便更好地指导公司进行数据分析和产品管理。

7.3 数据分析方法：对比分析+趋势分析+交叉分析

在互联网快速发展的背景下，客户的各种行为都会留痕，并形成海量数据。通过数据，公司可以了解客户的喜好、使用产品的反馈，从而明确改进产品的方向。

数据分析大多基于业务背景来解读数据，提炼和总结关键信息，指导公司发现其中有价值的内容。由于人具有主观性，同样的数据由不同的人解读可能会得出不同的结论，因此公司需要一些专业的数据分析方法，以便更全面、客观地分析数据。

目前，常用的数据分析方法主要有对比分析、趋势分析和交叉分析。

1. 对比分析

对比分析指的是在相同的分析标准下，将两个或两个以上有内在关联的数据进行比较，通过分析它们之间的差异，找到差异产生的原因及优化方法。

对比分析包括绝对对比与相对对比。绝对对比是绝对数据之间的比较，如播放量、浏览量、客户数量等。相对对比是相对数据之间的比较，如点击率、转化率、流失率等。

公司进行对比分析的时候，应遵循以下 3 个原则。

（1）进行对比的每组数据应具有统一标准。例如，单位为千克的数据不能与单位为克的数据进行对比，需要先统一单位。

（2）对比的数据需要具有可比性。例如，在比较工作效率时，将人工生产的工作效率与机器生产的工作效率进行对比，这是没有可比性的。

（3）对比的数据需要具有一致性。例如，对比 A 公司与 B 公司的销售额，将 A 公司 2022 年 11 月的销售额与 B 公司 2023 年 11 月的销售额进行比较，就十分不合理，应该统一比较 A 公司、B 公司同一时间段的销售额。

2. 趋势分析

趋势分析指的是按照时间维度，对某一数据或者不同数据的变化趋势进行差异化研究，然后对数据的下一步变化进行预测。根据趋势分析结果，公司可以绘制一个简单的趋势图，更直观明了地了解产品或业务的发展趋势。

趋势分析主要有两种分类方式。

一种是按照分析目的进行分类，可以分为预测趋势分析和现状分析。预测趋势分析指的是预测某款产品未来的市场份额会不会进一步扩大。判断某一类产品卖得好不好，这属于现状分析，一般只需将当前销售数据与历史数据进行对比即可。

另一种是按照分析方向进行分类，可以分为纵向分析和横向分析。纵向分析是将自身与他人相比，例如，公司将自身与竞争对手对比，分析自身在市场中的份额与地位。横向分析是与自身相比，例如，与上个月的销售数据对比，分析本月产品销售量是否增加。

3. 交叉分析

交叉分析是将横向分析与纵向分析结合起来，从多个维度交叉展现数据，进行多角度的分析。交叉分析常用的维度有渠道、日期、地区、产品类型等。

上述 3 种数据分析方法都很实用，公司可以根据自己的业务需求进行选择。

7.4　更新迭代思维：社交化+游戏化

随着年轻客户逐渐成为消费市场的主力，许多产品依靠传统的销售方法已经

第 7 章　产品管理：以数据驱动产品进化

不能吸引年轻客户了，因此公司不得不进行产品迭代，使产品不断更新。在市场变化的影响下，越来越多的产品开始迎合年轻客户的喜好，从社交化与游戏化两个方面进行改进。

1. 社交化

随着需求的变化，公司应具有迭代思维，不断地推进产品社交化。产品社交化有利于降低获客成本，提高销售转化率，建立高效的产品反馈机制。

打造社交化产品主要有以下两种方法。

（1）结合现有基础，重新诠释经典。许多公司深耕行业多年，打造了极具辨识度的品牌符号，客户也形成了关于品牌符号的独特记忆。因此，公司打造社交化产品的时候，可以基于品牌价值及内涵，重新对其进行诠释。例如，王老吉在 2022 年 1 月推出了"姓氏罐"，采取"定制姓氏+姓氏图腾"的创意设计，在保留品牌团圆喜庆的内涵同时，实现了创新，将产品打造成能够传达心意的礼品，实现了产品的社交化。

（2）多种创意玩法，打造社交产品。当前，追求独特的年轻客户成为消费市场的主力，许多公司渴望借助创意玩法吸引客户的注意，打造社交化产品。例如，奥利奥推出了定制饼干服务，客户可以登录官网在线设计饼干。这一创意玩法使得饼干这一常见零食成为"社交货币"，不仅吸引了众多客户参与，还提升了品牌价值，扩大了品牌传播范围，增强了品牌声量。

2. 游戏化

游戏化指的是将游戏元素与设计应用于非游戏领域。产品游戏化有利于培养客户对产品的兴趣，提高客户活跃度，增强客户黏性。

Keep 作为健身 App，不仅先后推出"排行榜""点赞""好友 PK"等功能，还尝试进行符合自身调性的"游戏化"联动。Keep 曾经联合游戏开发公司 SNK 推出《拳皇 97》的联名拳击课程，由真人教练扮演游戏中的角色，带领客户完成不同的运动目标。这不仅增加了课程的趣味性,也提升了客户的沉浸感。

许多客户付款时都会使用支付软件进行付款,支付宝为了鼓励客户使用自己的App付款,便对支付宝进行了游戏化设计。客户在支付后能够获得能量,能量可以用来申请种树,为了获得足够的能量,一些客户付款时会首选支付宝。支付宝的这一设计不仅提高了客户使用频率,还助力了环保事业的发展。

总之,社交化与游戏化既是产品的未来发展趋势,也是吸引客户的关键。只有迎合客户的需求和喜好,产品才能获得长远发展。

7.5 质量管理概念:QC、QA 和 QM

质量管理指的是公司为了实现质量目标而进行的带有管理性质的活动。质量管理中有3个重要概念:QC(Quality Control,品质控制)、QA(Quality Assurance,品质保证)、QM(Quality Management,品质管理)。这3个重要概念在定义、职责、技能要求等方面有很大不同,如表7-1所示。

表7-1 QC、QA、QM 对比

名称	QC	QA	QM
定义	使产品能够达到质量要求,并根据需要进行经过证实的有计划、有系统的活动	指的是为达到生产质量要求而采取的作业技术和开展的活动	确定质量方针、目标和职责,并在质量体系中通过质量策划、质量控制、质量保证等环节,实施全部管理职能的所有活动
职责	强调质量要求,主要职责是对产品进行监控	侧重于系统层面的完善,主要关注质量问题的防范、已产生的问题的溯源及其对策的实施,降低不良产品的生产率	侧重于在组织层面保障质量工作环境
技能要求	既包括一般测试员,也包括软件测试员等高级人才	对综合素质与业务能力要求比较高,需要熟悉所参与项目的全部技术	不仅需要具备 QA、QC 人才具备的技能,还需要具备专业的管理才能
关系	QC 是质量管理的基础环节,包含所有产品检测工作。QA 包含在 QC 之中,以控制质量为重点。QM 的范围更加广泛,不仅包含 QA 和 QC,还包括对整个质量体系的管理		

产品质量对公司的发展影响深远。任何一家公司都应该将产品质量放在首位，注重产品生产细节，牢固树立质量意识，为客户生产物美价廉的产品。

7.6 打造热卖品的4个核心指标

如今，消费格局发生了变化，一些公司依靠热卖品脱颖而出，抢占了细分领域第一的位置。这些细分、垂直的公司迅速走红，进入大众视野，借助热卖品实现了从0到1的发展。其他公司应该从这些公司打造的热卖品中找到共性，提炼打造热卖品的核心指标，如图7-2所示。

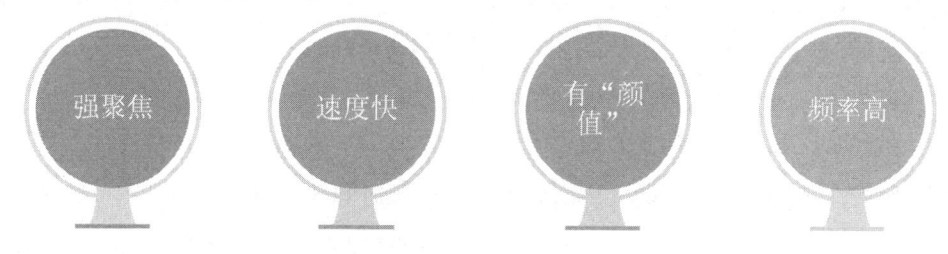

图7-2 打造热卖品的核心指标

1. 强聚焦

热卖品往往聚焦于某个品类，以迅雷不及掩耳之势实现销售业绩暴涨。例如，广州探迹科技有限公司就一直专注于研发智能销售预测系统，其所聚焦的是获客需求，即通过提供从线索挖掘、商机触达、客户管理到成单分析的全流程销售解决方案，帮助公司吸引客户、提高销售效率。

2. 速度快

通过研究热卖品的底层逻辑可以发现，大多数公司打造热卖品的速度都非常快（大约两年）。在这个过程中，热卖品会实现快速传播和迭代。例如，王饱饱于2017年成立，用了不到一年的时间便有了自己的热卖品；于2017年成立的追觅科技推出热卖品的速度更快。这些品牌在短期内完成了从0到1的蜕变，依靠热卖品实现了销售奇迹。

3. 有"颜值"

某位设计专家曾经说:"购物的人在经过货架前,让产品映入眼帘的时间只有0.2秒。想让他们在这个瞬间惊叹一声'哇!'并驻足停留,必须依靠抢眼的包装。"包装的"颜值"是产品的视觉语言,客户对产品第一印象的好坏通常取决于产品包装"颜值"的高低。

因此,在注重"颜值"的时代,热卖品的包装一定要有高"颜值",这样才可以吸引客户的注意力。高"颜值"意味着精心设计的包装、独一无二的外观,也意味着看起来就非常美,让人产生购买的冲动。

4. 频率高

通常能让客户多次购买并使用的产品,才可以形成规模效应,进而成为热卖品。如果产品只能让客户购买一次或者客户很长时间才会复购,这个产品往往很难成为热卖品。例如,微信可以满足人们对社交的需求,让人们随时随地与亲朋好友沟通,了解他们的近况。社交是人们每天都要做的事,而微信作为社交软件巨头,自然会被多次使用。

总之,时代在不断发展,各式各样的产品让客户眼花缭乱。那些没有突出特点、功能一般的产品很难满足客户的需求,也无法成为热卖品。只有那些让客户拍案叫绝、眼前一亮的产品,才能吸引客户,成为真正受客户欢迎的热卖品。

7.7 元气森林的热卖品打造经验

在炎热的夏天,人们喜欢喝清凉、解暑的饮料,而一些高热量的饮料会让人们有所顾虑。为了消除人们的顾虑,一些低糖、低脂、低卡的饮料应运而生,元气森林则是其中的佼佼者,吸引了一大批追求健康的年轻消费者。

元气森林成立至今,短短几年的时间,其估值便达到上百亿元,并在可口可乐、加多宝等优秀品牌众多的饮料市场中站稳脚跟,甚至还打造出了年销售额超过 10 亿元的热卖品。

那么，元气森林究竟是如何取得如此亮眼的成绩的？原因有以下几个方面。

1．瞄准低糖饮料赛道，抢占细分领域

元气森林以"低糖"为卖点，戳中了消费者想喝饮料但又怕胖的心理，在饮料市场中迅速走红。而且，元气森林使用了赤藓糖醇等天然代糖和三氯蔗糖等非糖甜味剂，不仅让饮料的甜味非常自然，还给人一种清凉感，在无形中让消费者产生一种产品很高级的感觉。元气森林满足了消费者对饮品的需求，与竞品实现了有效区隔。

2．坚持把产品打磨到极致

在原料选择方面，元气森林在全球范围内寻找优质原产地，并以业内最高检测标准对原料进行严格检测。为了提高产品的质量和口感，元气森林不仅精准控制萃茶时间、现场温度等，还对产品进行上千次调配和口味测试，之后产品才能上市售卖，最终到达消费者手中。

虽然"好的产品会说话"在业内已经成为共识，但是真正践行这个原则的公司并不多。在打磨产品方面，元气森林很舍得下功夫，也愿意花费时间和资源。例如，元气森林旗下的热卖品苏打气泡水，就是在经过多次测试和讨论后，才选择将赤藓糖醇作为主要成分。虽然赤藓糖醇的采购成本很高，但是它很健康，与元气森林一直追求的健康理念十分匹配。

3．通过视觉符号吸引消费者的注意力

在"'颜值'即正义"的时代，消费者除了注重产品的质量，还关注产品的"颜值"。在设计上，元气森林以简约、时尚为原则，确保在消费者走近货架时可以被产品吸引；在包装上，元气森林的包装都是统一的，采用简约风格，其瓶身上有一个大大的"气"字，并以水果图案作为辅助视觉元素，给消费者一种青春、活力的感觉，如图 7-3 所示。

图 7-3　元气森林的包装设计

4. 多角度探索营销新路径

在营销上，元气森林展现出强大的创新能力。例如，元气森林紧跟时代潮流，与小红书、微博、抖音、快手等社交平台上的一些知名博主合作，让他们试喝产品并推荐给其他人，推动销售量实现爆发式增长，同时又获得了一些流量。

另外，元气森林还进军影视圈，在纪录片《人生一串》《生活如沸》，以及综艺《运动吧少年》《我们的乐队》《乘风破浪的姐姐》中频繁亮相。这样不仅可以在提高曝光度的同时挖掘出一大批潜在消费者，还能通过构建贴近生活的场景为消费者营造极致体验。

元气森林的热卖品打造经验值得创业者学习和借鉴，但切勿盲目模仿。创业者可以从元气森林打造热卖品的过程中学习优点和成功经验，再结合自己公司的实际情况对相关方案进行调整，这样才会有更好的效果。

第 8 章

客户管理：比客户更了解客户

为了确保公司能持续、稳定地运营，加强客户管理便成为一项重要工作。公司应该去哪里寻找客户呢？又该如何留存客户呢？这些都是创业者需要重点考虑的问题。本章将从用大数据描摹客户画像、打造会员管理系统等方面详细讲述客户管理的知识和技巧。

8.1 用大数据描摹客户画像

在大数据时代，客户可以享受到技术带来的便利，公司也可以利用大数据获取有价值的商业信息，为客户描摹画像。利用大数据描摹客户画像是公司分析客户、了解客户的常用方法。大数据能够快速地收集客户的社会属性、行为特征、偏好特征等多个维度的数据，给每个客户标注上特有标签，构建客户的人物原型，帮助公司有针对性地为客户提供个性化服务。

销售完成不是数据分析的终点，公司还应该对销售过程中产生的数据及客户使用产品过程中产生的数据进行分析，了解影响客户做出消费决策的因素及客户使用产品的意见反馈，从而找到产品优化与创新的方向，实现更精准的产品设计和生产。

大数据技术还可以对客户的购物习惯进行统计,如最受客户欢迎的电商平台、客户的产品搜索偏好、客户的产品收藏偏好、客户能承受的产品价格范围等。公司可以基于大数据等技术,为客户提供个性化定制产品与服务,提升客户的购物体验。

如今,大数据技术已经被广泛应用于客户管理,其精准性和便捷性是数字化时代公司精准获客、精准营销的强大动力。在该技术的助力下,公司将实现客户的标签化、形象化,这有利于公司深入了解客户,为客户创造更大的价值。

8.2 打造会员管理系统

会员管理系统是公司管理客户的重要工具,其通过会员等级、会员积分、会员福利等形式提高客户活跃度,促使客户持续消费。会员管理系统能帮助公司实现系统化的定向营销,使公司更好、更高效地留存客户。

关于打造会员管理系统,公司应该掌握以下6个要点。

1. 入会资格

公司需要确定会员的入会资格,如满足近 3 个月购买过本品牌产品、累计购买两件以上本品牌产品、累计消费满 500 元等条件。确定入会资格不仅能筛选优质客户,还能刺激客户消费,让客户珍惜自己的会员资格。

2. 会员等级

设置会员等级是进行会员激励的重要手段,具体内容包括会员等级考核标准、等级升降规则、等级权益等。考核标准能够体现会员价值,是一个易于量化、便于考核的指标。升降规则是为了增强会员的黏性,公司可以引导会员积累成长值,当成长值达到一定数值时会员等级便可提高,对应等级权益也会增加。另外,公司可以不设定或者适当地设定降级规则,如超过两年没有购买记录、主动退会等。

3. 积分规则

积分系统有利于引导客户更多地参与品牌活动。公司可以将积分系统与任务系统相关联，客户完成指定任务就可以获得相应的积分奖励，所获取的积分可以用于抽奖、兑换奖品、抵扣订单金额等。同时，公司可以设定会员积分清零机制，例如，会员在本年度所积累的积分的有效期至本年末12月31日，逾期未使用的积分将于次年1月1日零点清零。

4. 会员专属福利

福利永远是引导客户行为的重要手段，公司可以设置会员专属福利，如新入会的会员可以获得10元无门槛优惠券、入会就可以领取礼品等，以吸引客户入会。针对已经入会的客户，公司可以设置相应福利留存会员，如入会满6个月的会员可以免费获得产品清洁服务一次、入会满一年的会员可以成为新产品的体验官等。

5. 定向计划

定向计划是一种定向营销工具，由客户组、过滤器、执行条件、定向规则组成。公司需要将每个组成部分作为独立的模块，在某个特定条件下，将客户分为若干小组，为每个小组设定不同的活动规则（如优惠券发放规则、福利活动规则等），然后根据客户的反馈再次制订定向计划。

6. 整理分析

公司要充分发挥会员管理系统的优势。公司可以利用会员管理系统整理、分析会员数据，并将会员数据生成可视化图表，从而分析会员行为趋势，发现问题，及时弥补。

总之，会员管理系统既是公司激励客户消费的重要手段，也是公司管理客户的有效工具。打造会员管理系统有利于提升客户的满意度，促进客户持续消费。

8.3 引导客户从陌生到忠实

客户引导是让客户进一步了解产品和服务，与公司建立紧密连接的重要方法。公司是否具备客户引导能力将直接影响客户是否会持续地使用公司的产品。那么，公司应该怎样引导客户呢？创业者要掌握两个关键点，如图8-1所示。

图8-1 引导客户的两个关键点

1. 服务

好的服务是有效引导客户的关键。客户选购产品的时候，关注的不仅是产品本身，还有产品背后的服务，有时好的服务比产品本身更具吸引力。服务主要包括售前服务和售后服务，售前服务主要包括售前咨询、产品讲解、产品包装等；售后服务主要包括售后咨询、产品退换货、产品安装、产品调试、产品保修、产品换新等。

无论为客户提供哪种服务，公司都应该秉承细心、周到、客户至上的原则。服务是产品的附加值，提供好的服务是公司拉近与客户的距离的重要方式，更易与客户建立情感连接。情感连接越牢固，客户的忠诚度就越高。

2. 品牌

如何使产品和服务长期占据客户心智？答案是打造品牌。在日常生活中，当你让他人列举某一领域的品牌时，人们熟知的大品牌往往更容易被想到。例如，提到口红，人们想到的可能是迪奥、阿玛尼、纪梵希等品牌。通常人们更认可大品牌的产品，对大品牌的信任度比较高。有影响力的品牌不需要耗费很多成本引导客户，客户会自主关注和回购产品。因此，将品牌做大、做强对公司积累忠实客户极为重要。

公司打造品牌的同时，也要注重品牌宣传。宣传的重点不仅是产品本身，还包括品牌理念、品牌价值体系等。在品牌被更多人熟知、被更多人认同后，公司的忠实客户就会越来越多。

总之，引导客户从陌生到忠实的过程就是获取客户关注和认可的过程。公司可以从服务和品牌两个方面入手，提升产品和品牌的影响力，不断地吸引客户、留存客户、维系客户。

8.4 完善CRM系统：构建销售闭环

客户数据量庞大，公司需要耗费很多人力对其进行分析和管理，这给公司造成了很大的成本压力。为了解决此问题，公司可以引进CRM系统，即客户关系管理系统，它能对公司已有的客户及未来的潜在客户进行管理，帮助公司实现销售过程的流程化，构建销售闭环。

那么，CRM系统具体在哪些方面发挥作用并助力公司构建销售闭环呢？

第一，设定工作目标。

CRM系统可以给公司的每位销售人员设定销售目标，记录目标达成率并进行排名，以起到激励销售人员的作用。

第二，客户资源分配。

CRM系统可以将客户资源一键导入销售人员的CRM资源库中并进行资源分

配，公司可以通过该系统查看销售人员跟进客户的情况。

第三，客户查重。

对于已经被录入资源库的客户，CRM 系统能够自动查重。也就是说，同一个客户无法被二次录入，这能有效防止销售人员撞单。

第四，客户公海管理。

如果销售人员没有与长期跟进的客户达成交易，除了客户真的不需要产品这一因素，还有可能是因为客户不喜欢为他服务的销售人员。针对这种情况，CRM 系统会将客户重新调入客户公海，给其他销售人员与这位客户达成交易的机会。

第五，客户资源沉淀。

CRM 系统支持销售人员录入客户信息，并会为每位客户打上个性化标签，以便公司统计和管理客户。同时，CRM 系统还能沉淀销售人员跟进客户的过程，例如，销售人员什么时候给客户打了电话、与客户交谈的内容等，从而帮助销售人员规划好下次跟进客户的时间，并到期提醒。

第六，客户商机沉淀。

销售人员可以将意向客户或重点客户录入 CRM 系统，CRM 系统会提醒销售人员及时跟进客户。此外，系统还支持录入合同和回款状态。

第七，寻找附近客户。

销售人员在拜访完某位客户后，打开 CRM 系统，点击"附近客户"功能便可查看其所在位置周围的客户。CRM 系统能够为销售人员提供客户预留的电话和地址，销售人员可以直接通过系统导航前往客户所在地。

综上所述，CRM 系统为公司的客户管理提供了大量技术支持，能有效地防止客户流失，帮助销售人员促成与客户的交易，更好地构建销售闭环。

8.5 必须提防的客户管理六大雷区

客户管理有雷区，公司一旦踩入雷区，就很难留存客户。因此，公司进行客户管理的时候应细心、谨慎，用科学的方法和严谨的态度管理客户，避免"踩雷"，引起客户的反感。

一般来说，客户管理的雷区主要有以下6个。

1．过于死板

有的公司制定和实施客户管理规则的时候过于死板，不能根据实际情况及时调整。在管理客户的过程中，公司会遵循制定的规则，但有些规则客户并不了解，或者客户了解但不认可。这时，公司就要考虑规则是否有不合理的地方或者损害了客户的利益。如果确实存在不合理或者能够改善的地方，公司就要及时调整。

2．不懂变通

有些销售人员在与客户沟通的过程中不懂得变通，导致给客户带来不好的体验。销售人员会遇到各种各样的客户，不同的客户会提出不同的问题和要求。销售人员既不能只顾及公司利益，也不能一味地满足客户需求。销售人员需要根据具体情况随机应变，找到客户既可以接受又不过分损害公司利益的方式为客户服务。

3．放不下面子

如果销售人员在客户面前过于在乎自己的面子，很可能会引起客户的反感。客户是销售人员的服务对象，客户往往喜欢与坦诚、随和的销售人员达成交易。因此，销售人员应该拥有一颗真诚、豁达的心，用自己的人格魅力赢得客户信赖。

4．心太软

规则是可以修改的，但一些底线不可以轻易变动。对于客户提出的一些极度不合理，甚至触碰法律底线的要求，公司应该果断拒绝。如果公司为了少数客户而随意打破底线，就很可能在更多客户的心目中失去威信，这样做得不偿失。

5. 过于机械

在管理客户的过程中，对于不同类型的客户，公司应采取不同的策略。如果公司一味地按照固有或者通用的策略管理所有客户，就会使一些客户的个性化需求无法很好地得到满足。久而久之，这些客户可能就不再信任公司，公司会损失一批忠实客户。

6. 过于亲密

无论是公司的客户管理人员还是销售人员，都不应该与客户过于亲密。有些公司的员工与客户发展成兄弟关系、朋友关系，甚至成为情侣。从表面上看，这虽然能够与客户建立更深层次的情感连接，但是在普通的客户关系基础上增添了私人关系，会使关系维持起来更难。

对于客户管理的雷区，公司应该对员工加强培训，使员工在与客户接触的过程中，获得更多客户的信赖和认可，从而更好地实现客户留存和转化。

第 9 章

营销管理：被记住才是硬道理

营销管理指的是公司为了实现营销目标，与客户建立并保持利益交换关系，对营销方案进行分析、规划、实施与控制。本章将对营销管理中的营销调研、整合营销、品牌价值打造、确定营销新方向等重点和难点进行详细讲述。

9.1 不做营销调研=闭门造车

营销调研指的是公司通过一定的方法收集、整合与营销相关的数据和资料，以帮助营销人员迅速制定营销策略。如果营销人员不做营销调研就制定营销策略，相当于闭门造车，很容易与市场需求背道而驰，导致营销失败。

总的来说，营销调研主要有以下 4 个优点，如图 9-1 所示。

（1）营销调研有利于营销人员了解市场状况，发现新机会。通过营销调研，营销人员可以了解产品在市场上的历史销售趋势、市场占有份额；了解影响产品销售量下降的因素；通过大数据技术预测产品需求的变化趋势。例如，营销人员通过营销调研发现客户对大容量护手霜的喜爱程度有所下降，更倾向于外表精美、方便携带的小容量护手霜，此时公司可以抓住机会，尽快生产小容量护手霜。

1 有利于了解市场状况，发现新机会	2 有利于制定正确的营销策略
3 有利于开发新产品，开拓新市场	4 有利于提高竞争力，在激烈的市场竞争中占据有利地位

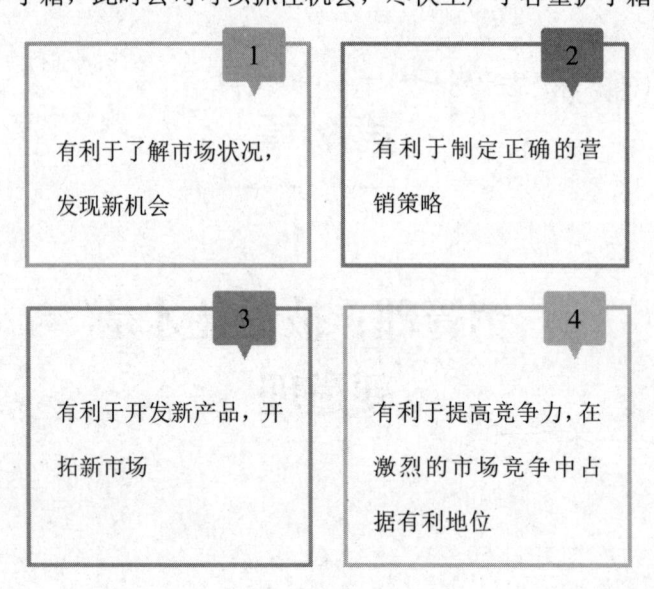

图 9-1　营销调研的优点

（2）营销调研有利于营销人员制定正确的营销策略。例如，营销人员通过营销调研得知客户更加偏向于通过直播购买商品，于是公司选择与知名主播合作进行直播卖货，大幅度提升了产品销售量。

（3）营销调研有利于公司开发新产品，开拓新市场。任何公司的产品都不会在市场中永远保持很高的热度，如果公司想发展下去，就要不断地创新，开发新产品。营销调研在新产品开发中发挥着重要作用。公司可以通过营销调研了解客户的消费趋势、新需求、消费偏好及对产品的期望等，然后根据调研结果设计产品，开拓更广阔的市场。

（4）营销调研有利于公司提高竞争力，在激烈的市场竞争中占据有利地位。在市场中，生产紧随消费热点的情况很普遍，但生产也可以产生强制需求，这种情况一般发生在客户充分了解、认识产品后，在认可产品的基础上进行购买。一旦这种强制需求成功，公司就能够在市场竞争中占据有利地位。然而，强制需求必须建立在满足客户某种消费欲望的基础上，因此，公司利用营销调研了解客户需求很有必要。

9.2 如何规避问卷设计相关问题

营销调研主要采取问卷的方式，营销人员通过问卷收集数据。但在统计问卷结果时，难免会遇到客户胡乱填写或没有填写的情况，这就导致收集的数据不准确，得出的结论不可靠。为了避免这些情况，对问卷进行设计就很有必要。

有效设计问卷的 6 个关键点如下。

1．问题描述要简洁明了

在设计问卷时，对问题的描述要简洁明了，不能因追求简洁而没有描述清楚。如果一个问题的字数超过 50 字，那么客户是没有耐心认真阅读的，因此，在设计问卷时，对问题的描述一定要简洁明了。

2．问题问法要明确

一定不要在问卷中提过于笼统的问题，每个客户的标准不一样，得到的答案也不相同。例如，您经常选择在外用餐吗？并将选项设置为"经常"和"不经常"。这个问题比较含糊，容易产生歧义，可能有的客户认为每天在外用餐是经常在外用餐，有的客户认为一周一次在外用餐是经常在外用餐，这就导致得出的结果不客观。

营销人员可以换一种问法，例如，您最近一个月在外用餐的次数是多少？这样的问法更加明确，得出的结果也更真实、客观。

3．少用专业术语

营销人员设计问卷的时候，应该避免使用专业术语或公司内部的专有名词，例如，您认为我们的 Z 系统是否好用？这里的"Z"是该系统的内部开发代号，虽然行业内部人士明白，但是客户不明白它代表什么，因此客户回答时会比较随意。

4．不要过于追求数量

如果营销人员设计问卷的时候过于追求问题的数量，设置了许多题目，那么客户填写问卷的时候会逐渐丧失耐心，导致问题的答案不真实。问卷的题目不是越多越好，而应该以刚好匹配研究目的为准。

5．设置测谎题

营销人员设计问卷的时候，可以适当加入一些测谎题目，这有利于在后续处理问卷时快速识别无效问卷，判断问卷中的答案是否真实。一般测谎题目可以是：这道题请选 A。若客户选择 B，则客户没有仔细看题目，说明客户有可能是在胡乱答题。

6．进行问卷预测试

肉眼无法识别问卷是否可靠、有效，但使用分析方法可以看出来。因此，营销人员一般先收集一小部分数据，进行测试分析，判断结果是否可靠。如果预测试出现问题，营销人员就能提前发现问题，并及时修正。

9.3 整合营销：内容+策略+渠道

整合营销是指将多种营销工具和手段进行系统化结合，根据市场环境的变化随时修正营销策略，最终实现公司与客户双方的价值增值的理念和方法。

整合营销主要整合 3 个方面，分别是内容、策略和渠道。

1．内容

整合营销的内容并不是单一内容，而是按照不同形式划分的多种内容。常见的划分形式有按照传播渠道划分和按照写作角度划分。

（1）按照传播渠道划分。每条传播渠道都有自己的特点，因此公司创作营销文章的时候应根据不同渠道的特点来写。例如，在小红书上进行营销与在新闻媒体上进行营销,其内容要符合各个平台的特点。

(2)按照写作角度划分。公司不仅可以从自己的角度来创作营销内容,还可以从消费者、旁观者或行业专家的角度来创作营销内容。公司进行整合营销的时候,可以从多种写作角度进行创作,以增强文章的可读性和客观性。

2. 策略

整合策略指的是公司结合市场与自身的状况,利用公司内外部资源,将营销的思想、理念、方法整合起来并制定营销策略。公司应该怎样整合策略呢?具体可以参考以下6点。

(1)建立客户数据库。公司可以建立成交客户和潜在客户的数据库,其中包括客户消费态度、购买记录等。整合营销以成交客户和潜在客户为核心,因为公司的销售额和利润最终都要依靠客户的购买行为。

(2)调查客户。公司应该尽可能地将客户行为作为市场划分的依据,因为行为信息比其他信息更重要。行为信息能够帮助公司以客户过去的行为推断客户未来的行为,这样公司可以预测客户在未来采取什么行动。

(3)沟通管理。沟通管理指的是公司在特定的时间、地点和场合与客户沟通。沟通管理有利于加强公司与客户之间的联系,让公司了解客户的真正需求。

(4)制定营销目标。对大多数公司来说,整合营销需要建立一个明确的营销目标。例如,一个擅长竞争的公司的营销目标可以包括3个方面:一是鼓励客户尝试品牌的产品;二是在客户尝试后,鼓励客户继续使用并建议其增加用量;三是鼓励客户建立品牌忠诚度并成为忠实客户。

(5)营销手段创新。确定营销目标后,公司需要确定使用什么营销工具来实现营销目标。整合营销能够通过大数据的分析与预测能力,在数据分析、运营优化、竞品分析等方面为公司提供帮助,实现营销手段创新。

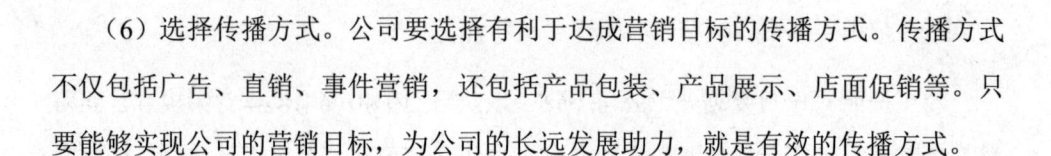

（6）选择传播方式。公司要选择有利于达成营销目标的传播方式。传播方式不仅包括广告、直销、事件营销，还包括产品包装、产品展示、店面促销等。只要能够实现公司的营销目标，为公司的长远发展助力，就是有效的传播方式。

3. 渠道

整合营销并不局限于单一的渠道，而是多种渠道整合。整合渠道并不是盲目整合，而是对各个行业、各个客户的情况进行分析后，选出有效的渠道进行整合。可以整合的渠道包括但不限于新闻媒体、问答平台、社区论坛、微博、小红书、微信等。

9.4　品牌价值=使用价值+情感诉求+独特优势+文化价值

品牌价值指的是品牌在客户心中的综合形象，代表品牌能为客户带来的价值，是品牌区别于同类竞争品牌的重要标志。公司可以从使用价值、情感诉求、独特优势、文化价值4个方面入手塑造自己的品牌价值。

1. 以使用价值塑造品牌价值

许多公司都将产品的使用价值作为核心价值。这类公司往往具有很强的感召力和包容度，能够有效吸引客户，并让客户心甘情愿地高价买单。例如，虽然苹果手机的价格相对较高，但是手机搭载的系统具有较高的流畅性、稳定性，能给客户带来更流畅的使用体验，因此它受到众多客户追捧。

2. 以情感诉求塑造品牌价值

情感诉求可以拉近公司与客户之间的距离。公司将营销内容依托于亲情、友情、爱情表达出来，有利于让客户对品牌产生信任感和情感寄托。例如，知名珠宝品牌周大生曾经将广告宣传语由"情系今生，我心永恒"改为"因爱而美，为爱而生"。品牌的情感诉求由单一的"情"升华为"爱"，扩大了其内涵，重塑了品牌价值。

3．以独特优势塑造品牌价值

公司要确定品牌的重要优势，寻求突破点。例如，百度是一家知名的互联网公司，依托强大的 AI 技术研发出手机虚拟 AI 助手"度晓晓"。"度晓晓"使用了百度大脑 7.0 核心技术，并整合了 3D 数字人建模、语音识别、机器翻译等多项技术。

"度晓晓"在多个领域展现出不俗的实力。在西安美术学院毕业展上，"度晓晓"携自己的原创画作参与展览，每幅画的创作时间仅数十秒，展现其强大的创作能力；在某年普通高等学校招生全国统一考试期间，"度晓晓"40 秒内创作了 40 篇高考作文，且作文质量得到了北京高考组阅卷老师的认可；在"6·18"活动期间，"度晓晓"作为星推官为一加手机宣传推广，依托于 AIGC（Artificial Intelligence Generated Content，生成式人工智能）能力产出测评内容，为客户"种草"。

4．以文化价值塑造品牌价值

一些品牌的文化价值承载了某种独特的民族习俗与地域文化，如历史悠久的艺术品、异域风情的建筑设计等。不同客户对文化的喜爱程度各不相同。相比情感诉求，文化价值不仅会为品牌带来更多的品牌附加值，还会使品牌走出不同的发展之路。

例如，如今各类美妆品牌层出不穷，MAOGEPING 是发展比较成功的美妆品牌之一。MAOGEPING 的发展，离不开其对东方女性之美的阐释。为了打造适合东方女性的美妆产品，MAOGEPING 深入研究产品，将美妆产品变成文化与艺术的载体，在深入挖掘我国文化蕴含的文化价值的同时，将传统文化元素融入美妆时尚中。

MAOGEPING 的秋水皓月眼影盘以西湖夜景为灵感，眼影盘整体采用金秋配色，演绎灵动的江南文化与杭州韵味，浓浓秋意下的西湖风光尽收盘内，如图 9-2 所示。

同时，MAOGEPING 还进行了跨界融合。MAOGEPING 作为国家花样游泳队官方赞助商，为国家花样游泳队的队员专门打造了"轻妆美颜运动套装"。套装中的产品具有极强的成膜性与防水性，能够助力花样游泳队员在赛场中发挥得更好，展现东方韵味。

图 9-2　MAOGEPING 秋水皓月眼影盘

MAOGEPING 致力于打造东方之美，不断以文化价值塑造品牌价值的做法值得学习和借鉴。公司只有不断地学习其他公司的成功经验，才能促进自身的发展。

9.5　瞄准新媒体，放大品牌效应

在移动互联网迅速发展的时代，客户更倾向于通过各种新媒体获取信息，许多公司也借助新媒体积极宣传品牌，希望进一步提升品牌价值，放大品牌效应。那么，公司应该如何利用新媒体进行营销，并提高品牌知名度呢？主要有以下 4 种方法。

1. 强化社群关系

每个公司有自己的调性，每个客户也有自己的调性。传统定位理论认为，每个

第 9 章　营销管理：被记住才是硬道理

公司都需要寻找与其调性相同的人，即目标人群。在新媒体平台盛行的市场环境下，目标群体自发集结在兴趣社群中。在这种情况下，公司应该强化社群关系。

强化社群关系有利于公司找到核心客户，让他们主动帮助公司推广产品。有相同爱好与价值观的客户聚集在社群中进行互动交流，使客户与品牌建立信任关系，并与品牌一起成长。这批客户最终会成为品牌的核心客户，具有很高的忠诚度，他们会主动推广品牌的产品，维护品牌形象，创造品牌价值。

例如，小米的成功就离不开社群营销。小米创建了社区论坛，使得喜爱小米的手机"发烧友"聚集在一起。这群热爱高性价比手机的客户群体拥有同样的属性与共同的喜好，对品牌的忠诚度更高。

2. 利用自媒体发声

随着自媒体的发展，自媒体与公司的关系发生了变化。1.0 版本的自媒体帮助品牌进行宣传，提升品牌价值，而现在公司倾向于主动寻找与其价值观相同的自媒体，让他们成为代言人，赋予他们社会资本，这便是 2.0 版本的自媒体。公司利用自媒体发声更有利于聚集价值观相同的客户，使营销内容呈几何式传播，扩大影响力，提升品牌价值。

3. 诱导客户自主传播

从前，客户与品牌之间的关系是弱关系，是纯粹的商业交易关系。而在当下网络化的社会中，一个品牌的客户是品牌价值最直接的传播者，客户在网络平台的发言会影响品牌声誉。

目前，许多公司仍以自我宣传为主，很少能够换位思考、切实考虑到客户的需求，也很少与客户进行真诚的互动。在这种情况下，对品牌来说，运用新媒体还是传统媒体进行品牌营销没有多大区别，许多品牌的社交媒体账号陷入死寂。

在新媒体环境下，品牌价值的提升需要客户参与，客户能够与品牌共同创造价值，而不仅仅是进行多次消费。此时，客户不再是生态链的末端，而是公司营销传播环节中重要的一环。

4. 利用原生广告进行宣传

原生广告是将广告作为营销内容的一部分植入实际页面设计中的一种广告形式，我们也可以将其理解为一种通过发布具有相关性的内容产生价值，提升客户体验的特定商业模式。原生广告不仅不容易引起客户反感，还可能会让客户、社群、自媒体对其传播的内容产生兴趣，与其交互，并在交互过程中进行更为广泛的传播。

原生广告更适合初创的电商公司。如果利用好原生广告，客户的消费路径可能会由"购物网站—品类—产品"转变为"购物网站—品牌—产品"。而小小的变化可能会使产品销售量提升几倍，甚至几十倍。

如今，新媒体正在蓬勃发展中，如果公司能合理地加以利用，品牌价值一定能快速提升。

9.6 营销新方向——数字化营销

麦肯锡咨询公司曾经在《麦肯锡季刊》中提出"Digital Branding"（数字品牌化）的概念，在营销界照射出第一缕数字化营销的曙光。时隔多年，随着公司对增长的需求越来越强烈，数字化营销又一次成为人们热议的话题。

如今，在线上渠道与线下渠道打通的趋势下，数字化营销能够发挥独特的整合优势，帮助公司找到撬动业绩增长的新支点。如果公司能抓住数字化营销这一风口，就可以"重生"，找到一条适合自己的可复用的发展之路。

在数字化营销方面，很多公司都做得不错。例如，运动品牌lululemon推出女士运动鞋，并上线AR（Augmented Reality，增强现实）虚拟试鞋功能，以便更好地为客户提供试鞋体验。

客户只要打开lululemon的微信小程序，点击"3D空间"，就可以查看鞋的

3D 模型，并进行一键试穿。而且客户只要滑动页面，就可以对鞋的样式、尺码、颜色等进行切换，并实时查看试鞋效果。因为搭载了 AR 技术，所以即使客户正在走动，鞋的 3D 模型也可以贴合客户的脚。AR 还将每双鞋的细节渲染得十分真实，确保客户的试鞋过程足够流畅。

意大利服装品牌 Prada 推出 AR 试包滤镜，客户只需要站在相机前，就能以虚拟的方式将不同的包背在身上。Prada 还推出了"手势识别"功能，客户可以在镜头前随意切换包的颜色和样式。这种极具智能感的试包方式极大地颠覆了客户的购物体验。

宜家推出名为"IKEA Studio"的 AR 应用，在这款 AR 应用上，客户可以看到自己的房间重新装修后的效果。首先，客户打开这款 AR 应用，用其自带的相机扫描房间；其次，系统自动识别家具的大小、形状和位置，并以此为基础构建一个完整的室内 3D 图；最后，系统"抹"去之前的旧家具，在这个全新的房间里放上新家具。

如果不喜欢"IKEA Studio"提供的装修方案，客户还可以自己选择家具、配色方案、装饰物摆放位置，以及灯光色调、窗帘等。客户设计好自己心仪的方案后，"IKEA Studio"就会生成 3D 图，客户可以直观地看到方案的效果，客户还可以将 3D 图分享给亲朋好友。

Lululemon、Prada、宜家都积极引入技术，探索更具现代感的数字化营销新玩法。与此同时，一场营销变革正在悄然发生。这场变革不仅为公司提供了更多营销可能性，还让技术赋能营销成为现实。在这场变革中，抓住机会的公司将会打一场漂亮的逆风翻盘仗。

9.7　过度依赖营销不是明智之举

如今，很多公司都意识到了营销的重要性，希望通过营销改变发展状况，实现"起死回生"。在这样的趋势下，产生了一系列过度营销的现象。

过度营销的表现之一是将营销与广告投入对等，大手笔、大批量地投放广告，利用广告使品牌进入消费者的内心，而忽视了对消费者的关注和对公司本身及产品的关注。

大批量地投放广告意味着公司需要付出巨大的营销成本，而这些营销成本通常会转嫁给客户，导致产品价格提高。这种现象可能会给客户留下不好的印象，这正是过度营销所带来的不良影响之一。

实际上，过度营销就是公司用"疯狂砸钱"的模式与竞争对手博弈，在很大程度上可以说是一场豪赌。如果输了，公司就会遭受巨大损失，而即使赢了，公司也有可能元气大伤。因此，很多现代化公司已不再过度营销，而是把更多注意力聚焦在品牌定位、产品设计与服务改良等方面。

过度营销还可能导致客户对公司产生抵触心理。从某种意义上来说，过度营销是公司将自己置于客户的视线下接受客户的检验。如果公司本身存在劣势和缺陷，那么这些劣势和缺陷有可能在过度营销的过程中暴露出来，从而影响公司的声誉，阻碍公司的发展。因此，公司应该对过度营销提高警惕。

适度营销对公司来说是有益的，在这方面周黑鸭做得不错。周黑鸭诞生在新一线城市武汉，而不是北京、上海、广州等传统意义上的一线城市，原因主要有以下两个。

第一，产品的广谱性。诞生于北京、上海、广州的品牌大多以新中产阶级的消费水平为定价依据，很难被大多数二三线城市的消费者接受，这就导致这些品牌的广谱性较弱。

第二，商业上的空间平权逐渐实现。随着互联网不断升级、线上线下融合发展，以及物流的优化，与其他新一线城市相比，北京、上海、广州的地理优势已经逐渐减弱。周黑鸭通过线上销售、线下物流运输的方式弥补自己在地理位置上的不足，将房租、人力等方面的成本投入到产品研发和营销上，生产真正符合客户需求的产品。

当然，周黑鸭诞生在武汉而非北京、上海、广州的原因还有很多，如武汉的政策支持、武汉的人力资源成本更低、武汉作为新一线城市有更大的试错空间等。因此，公司不一定非要为了进入北京、上海、广州等地区而"疯狂砸钱"，应该适当转变发展思路，将资金投向能产生更多价值的方面。

9.8 "运动+科技"碰撞出营销新火花

如今，为了寻找新增量，很多品牌都把目光投向友商，借助跨界打法推陈出新，形成"1+1>2"的效果。例如，鸿星尔克与小度（百度旗下的智能助手）合作，以跳绳这一国民运动为基础，进行消费场景重构。鸿星尔克为多家门店引进了小度添添智能健身镜，每一位到门店购物的消费者在消费之余都可以穿着高弹跳绳鞋在小度添添智能健身镜前亲自体验"AI 跳绳健身课"，如图 9-3 所示。这不仅让消费者充分体验高弹跳绳鞋的舒适性，还能很好地为门店增加客流量，使门店的销售业绩不断攀升。

图 9-3　高弹跳绳鞋与"AI 跳绳健身课"

鸿星尔克的这次联名活动起源于社会的推动。2022年北京冬季奥运会结束后不久，全民运动热情依然高涨，加之2022年年初"刘畊宏女孩"这一标签爆红，使得居家健身成为当下新潮流。鸿星尔克抓住这一契机，积极推动品牌升级与创新。

鸿星尔克借助小度添添智能健身镜，打造沉浸式购物体验，让线下购物和运动健身这两件看似不相关的事情产生了交集。与此同时，小度添添智能健身镜还延伸出新场景——AI健身房。AI健身房集科技感与新鲜感于一体，高"颜值"的教练、有趣的健身课、动感十足的体感游戏，每个元素的吸睛效果十足，让路过的消费者都忍不住到门店尝试一番。

小度添添智能健身镜可以让消费过程变得有趣。以购买运动鞋为例，之前的消费过程是"选品－试鞋－结账"，有了小度添添智能健身镜后，消费过程就变成"选品－试鞋－上跳绳课－结账"。完成一节跳绳课后，消费者不仅亲自体验了运动鞋的质量与上脚感受，还能获得小度添添智能健身镜给予的卡路里消耗数，可谓是成就感十足。

智能健身产品与传统运动品牌的跨界合作取得了非常不错的成绩。一方面，小度添添智能健身镜让鸿星尔克的线下购物场景更丰富，增加了传统运动品牌的科技感；另一方面，鸿星尔克帮助小度实现了精准获客与营销，推动了小度添添智能健身镜的广泛传播。

因为很多消费者的健身之旅都是从购买运动装备开始的，所以他们有可能到鸿星尔克线下门店消费。如果他们在消费过程中邂逅运动装备——小度添添智能健身镜，就更容易产生消费冲动。此外，线下场景还会形成集群带动效应，消费者越聚越多，转化效果十分明显。

除了商业效应，鸿星尔克与小度的跨界合作还有一定的社会意义。每当一种新的生活方式出现，总有一部分人勇于尝试，而另一部分人选择观望。在全民"健身热"持续升温的时代，鸿星尔克与小度的跨界合作为想尝试健身但一直犹豫的人做了一个很好的示范,让他们知道了原来健身可以这么简单、有趣,从而坚定了他们走上健身之路的决心。

鸿星尔克与小度紧密合作,将"衣"与"住"两个场景打通,这种跨界打法为其他企业提供了新思路。鸿星尔克把小度添添智能健身镜带入消费圈,契合当下健身新风潮。与此同时,小度也为鸿星尔克贴上了科技健身的标签,加速其品牌升级与创新进程。

第 10 章

公关管理：跳出俗套做公关

如今，互联网蓬勃发展，信息传播渠道多、传播速度快。一旦公司出现舆情，就会在短时间内传播到世界各地。如果公司进行正面公关，就会提高公司的知名度和影响力，有利于公司发展。而如果是负面公关，就会对公司的形象和声誉造成严重影响。因此，对公司来说，加强公关管理是非常重要的，具体可以从定位、渠道、选择公关代言人等方面入手。

10.1 定位公关的逻辑起点：心智+竞争

要想加强公关管理，公司首先要定位公关。定位公关发展至今，逐渐被很多公司认可和接受。定位公关有以下两个逻辑起点，如图 10-1 所示。

图 10-1 定位公关的逻辑起点

1. 心智

定位公关的第一个逻辑起点是在战略定位的基础上，让品牌占领客户心智，成为品类第一。一般来说，人们更乐意接收与自己的已有认知和经验相符合的信息。心智与计算机存储器十分相似。针对海量传播的广告信息，心智有一套防御系统，它会拒绝接收无法运算的信息，并对已接收的信息进行筛查和过滤。

因此，公司想要占领客户心智，不应一味地投放广告，而应将广告信息简化，筛选出容易进入客户心智的原始信息并将其融合在广告中。例如，沃尔沃的"安全"占领了客户心智，顺丰的"快速"占领了客户的心智。占领客户心智并不是创造某种标新立异的信息来试图改变客户的心智，而是调动客户心智中已有的认知，重新连接已有的。

2. 竞争

定位公关的第二个逻辑起点是帮助公司在品类中获得强大的竞争优势。首先，建立领导地位更有利于形成公司的竞争优势。建立领导地位的重点在于强化原创概念，建立以产品特征为核心的产品标准，使产品以自己建立的产品标准被评判。

其次，公司可以在产品品类中寻找空缺，例如，甲壳虫汽车弥补了汽车品类中"小型车"的空缺，形成了自己独特的竞争优势。

心智和竞争既是定位公关的逻辑起点，也是定位理论的两个基本点。公司应重视定位公关的重要作用，撬动客户的心智，专注打造产品的竞争优势。

10.2 定位：品牌从 0 起步到知名的 9 个步骤

品牌定位是品牌公关的首要任务，打造品牌定位能够为公关工作保驾护航。很多公司在成立之初因缺乏经验而错失了打造品牌定位的好时机，没有形成品牌效应，在出现负面事件时，品牌声量较小，做出的声明没有权威性。而一旦有了明确的品牌定位,就能快速提升品牌的知名度和影响力。

如何打造品牌定位?按照以下9个步骤能够让品牌更快地被客户记住。

1. 创造新品类

创造新品类是公司打造品牌定位时迈出的第一步。创造新品类往往需要公司具备创意思维或创新技术。例如,紫菜是一种营养丰富的蔬菜,紫菜被烤熟后,味道更加鲜美,口感更加脆爽,再用调料调制,就成了零食品类中广受消费者欢迎的海苔。一般来说,在市场中创造新品类的公司能够打造出更具竞争优势的品牌。

2. 使用新名称

一个新颖的名称可以在很大程度上提高品牌的知名度。Lvory(象牙)是宝洁公司早期主打的肥皂品牌,在美国很受欢迎,后来市面上强效洗衣粉逐渐兴起,挤压了象牙肥皂的市场份额。为了能够占据更多的市场份额,宝洁公司推出了强效洗衣粉类产品,但宝洁公司并没有继续使用"象牙"这一名称,而是使用新名称"Tide"(汰渍),这个新名称是宝洁强效洗衣粉产品优势的精练,如今,汰渍已经成为家喻户晓的洗护品牌。

3. 选择代言人

公司可以借助代言人的形象和热度,塑造品牌形象,提高品牌曝光度。如果公司没有足够的实力与头部明星合作,就可以选择有潜质的新星或口碑较好的网络红人作为品牌的代言人。但需要注意的是,公司选择品牌代言人的时候,不要选择负面消息过多的人,以免损害品牌形象。公司也不应该选择同时代言多个品牌的人作为代言人,以免使客户记忆混淆,对自家品牌的印象不够深刻。

4. 创造品牌故事

故事具备较强的感染力,好的故事能够引起客户共鸣,提升客户对品牌的好感度。另外,故事有较强的传播性,好的故事往往能够成为客户茶余饭后讨论的话题，使品牌被口耳相传。如果公司能够为品牌打造一个独一无二的故事，就更容易占领客户的心智。

5．策划公关事件

公司需要根据品牌定位和自己拥有的资源策划公关事件。公关事件可以是活动，如公益性活动、巡展类活动等，也可以是新闻。其中，新闻型公关事件需要以公司发生的真实事件为基础，并协助媒体拟定新闻稿，以热门的新闻话题引起公众关注和讨论。同时，公司应该做好公关活动的风险预测，为公关活动的开展提供全面保障。

6．争取关注

大众传媒是信息传播的主要手段，公司应该努力争取媒体关注，提升媒体量级。同时，大部分传播都是建立在核心信息定位的基础上的。因此，公司应该对品牌的核心信息进行明确定位，使媒体精准捕捉到公司想要传播的信息。

7．影响意见领袖

意见领袖能够传递市场信息和反馈，具备较强的感召力，在一定程度上能够影响消费的主流风向。公司应该培养具备影响力的意见领袖，在其帮助下与公众建立信任关系，从而进一步提升公司的影响力。

8．筛选媒体

媒体的知名度和影响力直接影响着其所报道内容的受关注程度。公司应该与当下主流媒体合作。但媒体界鱼龙混杂，公司应该筛选出具有职业道德的"正能量"媒体，与其进行深度合作，委托其宣传品牌定位，提高品牌的知名度。

9．持续传播

公司不应该只追求一时的热度，而应该关注热度的持续性。持续传播对公司巩固自己的品牌定位、不断提高知名度至关重要。品牌定位持续传播的时间越长，给大众留下的印象越深刻。

10.3 渠道：双微平台+直播平台+短视频平台

选择正确的渠道是公关效果得以提升的关键。有些创业者认为，媒体就是最好的渠道。这个想法没有错，但媒体的范围很广。如今，以双微平台、直播平台、短视频平台为代表的新媒体才是处理公关事务比较有效的渠道。

1. 双微平台

双微平台主要是指微博和微信。相较于传统媒体平台，双微平台具有传播速度快、受众范围广、成本低、效率高等优势。

微博作为大型新闻互动类平台，能够及时传递品牌信息，以便广大客户快速了解品牌资讯。公司可以与微博上粉丝量较多、已获得平台官方认证的账号进行合作，利用官方认证账号的热度开展公司的公关工作。

微信是大众最常用的社交软件之一，也是全网用户量最多的社交平台。公司应该充分利用微信庞大的用户基础，在微信上建立微信公众平台以维护品牌形象，宣传品牌的文化理念和服务宗旨。

此外，微信群是提升公关影响力的有力阵地。微信群具备较强的延展性，既是品牌与粉丝互动的平台，也是提升品牌口碑的重要渠道。

2. 直播平台

随着各项技术的不断发展，直播平台越来越受大众欢迎。直播平台是公司处理公关工作的重要渠道。公司可以依托直播平台的实时弹幕对舆情进行实时分析，在直播过程中，公司既能直观地了解客户对品牌或产品的情绪、建议和意见，也可以通过弹幕反馈了解品牌在公众心目中的形象，为公关工作提供预警。而且，公司以直播的形式处理公关事务，更能体现公司的真诚，从而维护公司的品牌形象。

3．短视频平台

短视频内容简短、精练，具备较强的内容表现力和广泛的传播效果。公司能够通过短视频的转发数、点赞数和评论数等更直观地判断公关工作的效果。公司开展公关工作的时候可以借助短视频平台创造出有价值、有创意、有趣味的高质量内容，用内容吸引客户，提升客户对品牌的熟悉度和好感度。

总之，渠道的选择直接影响着公关事务的处理效果。公司可以将多个渠道结合在一起使用，充分发挥各渠道的优势，提高自己应对公关事务的能力。

10.4 如何选择公关代言人

优秀的公关代言人能够让品牌更快地获得公众认可，使产品引起更广泛的关注。下面对选择公关代言人的技巧和关键点进行深入讲述。一般来说，选择公关代言人应该从以下几个方面入手。

1．安全第一

选择公关代言人存在着一定的风险。例如，一些流量明星失德失范，不是因为税务问题，就是因为私生活问题。一旦流量明星在某一方面出现问题，不仅损害他自己的形象，还会损害他代言的品牌的形象，使品牌遭到公众抵制。因此，公司应该选择没有绯闻或负面消息的代言人，并与代言人在合同中约定因为其个人行为影响品牌形象所要赔偿的违约金，以约束代言人，避免危机发生。

2．合适才是硬道理

性别、年龄、形象、气质、人气等都是公司选择公关代言人时应该考虑的因素。此外，公司应该根据品牌个性选择公关代言人，即公关代言人的风格和气质要与品牌个性相吻合。这样公众能够更好地了解品牌个性，与品牌产生共鸣。

3．关注代言人的代言史

代言人的代言史是公司选择代言人时的重点考查方面。公司应该对代言人的代言史进行调查，了解代言人代言过的品牌、所代言品牌后续的发展情况、是否出现过违约事宜、对品牌口碑提升的影响度等，在一定程度上规避可能存在的代言风险。

4. 巧用粉丝经济

代言本身是一种品牌借力的行为，邀请明星做代言实际上就是在挖掘粉丝经济背后的商业价值。明星的粉丝基数越大，其代言品牌的影响力就越大，公司的收益也会更丰厚。有时明星代表品牌发表官方言论的公关效果甚至会胜于媒体带来的公关效果。

合适的代言人既可以帮助公司赢得更多市场份额，也可以让客户对品牌充满信任。这种名人背书效应能够让喜欢代言人的粉丝跟随代言人的脚步购买产品，从而使品牌得到广泛传播。

10.5 如何打一场漂亮的公关战

公关战是一场没有硝烟但火力十足的"战争"，能够迅速为双方带来许多流量。如果在公关战中取得优势，不仅能够降低公关事件给公司带来的负面影响，还能够使公司通过这场"战争"树立更好的品牌形象。因此，如何打一场漂亮的公关战是公司应该关注的重点。

1. 找立足点

只有找到稳固的立足点，公司才能在公关战中具备较强的主动性。当公司遭遇负面舆情时，为了摆脱自身所面临的不利局面，公司要找到自己的立足点采取反击或"进攻"措施。例如，面对外界的谣言和诬陷，公司可以先收集证据，再对某一个或多个影响比较广泛的谣言发布者提起诉讼，并将诉讼结果公之于众，以证明自己的清白。

2．内外结合

在公关战中，公司要尽量做到内外结合，这样能够更全面、高效地化解公关危机。对内，公司要自查、自省、自纠，及时整改，对内部危机进行全面排查，以免让外界抓住把柄。对外，公司可以加强与媒体的合作，利用媒体对舆情进行正确引导。

3．时机与团队

在公关战中，时机的选择直接影响着公关效果。如果在错误的时机"进攻"，就会产生不好的后果。因此，公司选择时机应该根据公关活动的具体情况而定。如果公关活动与重大节日之间存在积极意义上的联系，就可以利用节日增强公关效果；如果公关活动与重大节日没有联系，就要避开节日，否则，公关活动的影响力很可能被节日氛围冲淡。同理，公司也要注意避开或利用国内外发生的重大事件。

在公关战中，公关团队协同作战能够帮助公司快速解决公关危机。因此，公司应该提前让公关团队做好应战准备，详细规划应战策略，并反复推演应战过程。

总之，当公关战来临时，公司要积极应对。公司要认识到公关战的积极影响和消极影响，规划好自己的"打仗"方案。同时，公司也应该利用公关战反思自己、完善自己，让自己朝着更好的方向发展。

10.6 危机公关指南

对任何公司来说，公关危机都无法避免。当公关危机来临时，公司的应对措施将直接影响公关效果。为了不让公司陷入舆论漩涡，创业者必须掌握应对危机公关的方法和技巧。

1. 把危机公关提升到战略高度

公司要谨慎处理公关危机，处理方式要具有全面性、连续性、整体性、系统性，并由高层领导带领全体员工参与危机事件的处理，确保公关危机处理的有效性。公司只有给予危机事件足够的重视，才能将事件的危害降到最低。

2. 发现问题的本质与根源

很多公司处理公关危机的时候只看到了危机事件的表面现象，而没有抓住问题的本质和根源，导致其采取的处理方式治标不治本，甚至使事态不断扩大。

因此，公司处理公关危机的时候应该客观地分析事件的各个方面，充分研读与事件相关的法律法规，沉着、冷静地找到问题的本质与根源。如果公司实在找不到问题的本质和根源，可以向专业的公关公司寻求帮助。

3. 救"机"甚于救"火"

当发生公关危机时，公司的反应速度至关重要。这就像堤坝出现一条裂缝时一样，立即修补很简单，但如果一小时后再修补，就很可能发生溃坝。公关危机中的危机事件就类似于堤坝的这条裂缝，公司只有及时将其修补好才能阻止事态的蔓延，避免产生更大的损失。

4. 所有问题一肩扛

危机事件发生后，公司应该具备承受所有质疑的能力。面对社会的质疑，公司不能选择逃避，也不能闪烁其词，正确的方式是以负责任的态度和行动做出应有的回应。其实，在危机事件发生后，公众关注的不仅仅是事件本身，还有公司的态度。冷漠、消极的态度很可能会使公众更加愤怒，使舆论发酵得更加严重。

5. 沟通是必要的

很多矛盾的产生源于缺乏沟通，恰当的沟通是解决矛盾的重要方法。沟通是公司解决公关危机的关键。当危机发生时，公司要第一时间通过媒体发声，诚恳地叙述情况，并详细说明事件的处理方式和进展。

及时沟通能够在一定程度上阻止舆论的蔓延，以免滋生过多的猜疑和小道消息。此外，公司还要与外部的合作伙伴沟通，向合作伙伴表明真实情况和具体的处理计划，以免引起合作伙伴的恐慌和误解。

6．让别人为自己说话

公司面对误解的时候，自己单方面的解释是远远不足以消除大众疑虑的。因此，让别人替自己说话很重要。公关危机发生后，如果公司不需要承担过多的责任，就要收集证据，并将证据交给权威媒体或部门，让他们替自己说话。

7．转移视线

在危机发生了一段时间并得到解决后，公司要及时转移公众视线，使危机的"余震"尽快结束。公司可以采取一些巧妙的方法，如推出新产品、开展公益活动等转移公众的注意力，使自己尽快度过危机。

8．化患为利，在危机中创造机遇

虽然公关危机给公司带来了一定的不利影响，但也让公司获得了更多关注。在事态得到初步控制后，公司应该抓住公众对品牌的注意力，潜移默化地在发布的公关信息中植入一定的品牌宣传信息，以化患为利，在危机中创造机遇。

很多公司处理危机公关的时候，都会在声明里面辩论对与错，其实这样的做法并不妥当，非常容易被公众抓住把柄，导致情况进一步恶化。在事件突然发生、负面消息出现的第一时间，公司应该做的是缓和公众的情绪，承担相应的责任。另外，公司还应对事件进行拆解，分析哪些问题必须应对、哪些问题可以不用应对。

增长

增长篇

增长篇
实现爆发式扩张

第 11 章

利润增长：得利润者得天下

商界流行这样一句话"得利润者得天下"。确实，利润是公司经营与发展的"血液"，没有利润，公司的各项活动就难以为继。那么，公司应该如何创造利润并使利润不断增长呢？本章将深入探讨这个问题，指导公司做好利润管理。

11.1 与利润相关的关键指标

一家利润丰厚的公司，其与利润相关的关键指标会长期处于理想状态。那么，哪些指标与利润相关呢？有主营业务净利润率、销售净利润率与销售毛利润率、净资产收益率与总资产收益率。公司可以从这些指标入手找到实现利润增长的方法。

1. 主营业务净利润率

主营业务净利润率是一段时间内公司的主营业务利润与收入净额的百分比。这项指标最能体现公司在经营活动中的盈利能力。一般来说，这项指标越高，公司的主营业务发展得越好，在市场上的竞争力和影响力就越强。

通常，主营业务的利润在利润总额中的占比最大，公司的投资收益、其他业务的利润、营业外收入等指标的占比较小。如果公司出现不同于此的非常规情况，如主营业务利润过低，创业者就要及时对主营业务进行调整，尽快使公司的发展重回正轨。

2. 销售净利润率与销售毛利润率

销售净利润率，即在销售收入中净利润所占比率，是公司销售水平的表现。创业者对这项指标进行分析的时候，可以将该指标连续几年的数值进行纵向对比，从而得到近几年的利润发展趋势；也可以将该指标的数值与其他公司或同行业公司的平均数值进行横向对比，从而判断自身竞争力。

销售毛利润率与销售净利润率相似，区别在于前者忽略了税收成本、管理成本、销售成本、财务成本等。销售毛利润率可以通过利润表计算得出，这一指标常用于分析主营业务的利润空间及其变化趋势。通过该指标的数值波动情况，创业者可以了解经营过程中的问题并及时解决。另外，创业者还可以通过该指标选择未来的业务方向，做出更多有利于业务发展的决策。

3. 净资产收益率与总资产收益率

净资产收益率，即净利润与净资产的比值，又被称为股东权益报酬率，体现了公司使用原有资本获得收益的能力。提高净资产收益率，可以通过增加净利润或减少净资产的方式实现。在净资产收益率零增长的情况下，一些公司会通过加大现金分红力度的方式提高其数值。

一些公司负债较多，导致净资产收益率虚高，这时就要用总资产收益率分析利润情况。这是判断公司是否需要负债经营的重要依据。通常，总资产收益率越高，公司的竞争力和发展潜力越强，意味着公司不需要负债经营。

创业者分析净资产收益率的时候，最好同步分析总资产收益率。二者之间的差距可以反映出公司面临的经营风险，且在将二者进行对比分析后，创业者做出的决策对公司的发展更有利。

11.2　做预算，明确未来的盈利点

在产品销售量长期没有增长的情况下，一些创业者开始萌生放弃的念头。实际上，出现这种情况往往是因为创业者没有提前做好预算。久而久之，创业者只关注公司的支出，而忽略了公司日益降低的成本及日益扩大的规模。如果创业者能做好预算，就可以明确公司未来的盈利点。

其实，制定预算就是确定支出范围。例如，某公司今年的总预算为 2000 万元，如果年中清算时发现支出已经接近 2000 万元，就说明公司出现了严重的经营问题。

公司可以通过制定预算的方式，抓大放小，明确各部门的权力。在预算框架内的事，就交由负责人自行决策，这样可以极大地减少高层的决策负担。如果公司想实现抓大放小，就必须在制定预算的过程中关注以下两点。

（1）合理授权。公司制定预算的时候，要明确各部门及负责人的权力范围和职责范围，尤其要明确各部门及负责人在预算框架内的权力范围及超出预算应承担的责任。这些界定得越清晰，各部门及负责人的执行效率就越高。

（2）绩效机制。预算应该与绩效激励和绩效评估相关联，这样可以调动员工的积极性，降低成本。

此外，预算的制定还要依托于第二年的年度发展计划，这在某种意义上可以帮助创业者制订更详细的发展计划。通常，制定预算可以使创业者预估公司发展中可能遇到的问题，并在此基础上进行充分讨论，由此得到的方案更具有指导意义。

不仅如此，一份具有指导意义的预算还可以将各部门整合，确保所有人为共同的目标而奋斗。例如，公司可以在某次活动中要求员工将成本控制在 20% 以内，

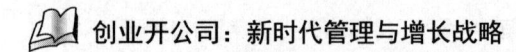

目标达成后发放绩效奖金。这样不仅能凝聚员工的力量，还能在高效工作的同时有效节约成本。

当然，制定预算需要投入大量时间和精力。创业者可以按季度制定预算，这样不仅能节约时间和精力，还能根据公司的实际运营情况及时调整预算。

11.3 客单价不合理，怎么办

客流量、客单价是衡量产品销售情况的指标。可以把销售额简单地看作客流量与客单价的乘积。在客流量难以增加的情况下，提高客单价是一种实现利润增长的有效方法，其本质是让每位客户单次消费更多。

通常，客单价由以下几个因素决定。

1. 门店的铺货情况

销售场景会影响客户的购物情况。例如，大卖场、超市、便利店三者相比，大卖场内产品的铺货量最大、品类最广，超市其次，便利店最次。因此，同样的产品在大卖场的客单价可能达到60～80元，而在超市为20～40元，在便利店只有8～15元。

2. 促销活动

当品牌进行促销时，客户通常倾向于以优惠的价格购入更多产品。公司可以利用客户的这种消费心理，通过优惠活动促使客户购买更多产品，从而提高客单价。

3. 产品的关联组合

根据产品之间的关联性，公司可以将产品划分为同品类、相近品类、跨品类和跨大类，并进行组合，以有效提高客单价。例如，将婴儿食品、服装、玩具进行组合，这种组合虽然横跨了三大类，但十分符合客户的消费习惯，能够有效引导客户购物。

在了解了影响客单价的因素后，公司可以充分利用这些因素提高客单价。

对于同类产品，公司可以采取降价促销、捆绑销售或买赠活动等方式来提高销售量。对于不同类产品，公司可以将产品进行组合，让销量好的产品带动其他产品。在这个过程中，公司需要考虑产品的关联性，利用产品的相似性或互补性来激发客户的购买欲望。

公司可以对产品的销售数据进行分析。例如，分析各品类产品在不同季节、不同节日的销售情况，从而建立产品与节日的关联，进一步引导客户消费；了解各品类产品的销售趋势，有意识地提升产品的品类档次；创建完善的会员系统，绘制会员个人消费行为画像，实现针对性营销。

此外，公司还要实时更新产品信息，频繁制造消费热点，向客户推广最新产品、热销产品和促销产品，使提高客单价成为常态。

11.4 通过客户分层挖掘利润机会

客户分层是精细化运营的前提，其主要目的是对客户进行细分，以便更有针对性地实施运营策略，利用最小的成本挖掘最大的客户价值。要想实现客户分层，创业者需要立足于公司的业务模式和实际运营需求，初步构建客户分层模型。

创业者可以将客户的平台价值和维系成本作为核心维度，构建分层模型。在分层模型的基础上，创业者可以设计一个象限图，4个象限分别对应4种客户，即明星客户、金牛客户、问题客户和瘦狗客户。

其中，明星客户的平台价值和维系成本较高，需要公司重点关注并推动其发展为金牛客户。金牛客户是公司的主要利润来源。问题客户的平台价值和维系成本都比较低，公司可以聘请专业人员推动其转化。瘦狗客户需要公司战略性地考虑放弃。

客户分层并不是越精细越有效，随着分层维度的增加，分层模型的结构会更加复杂，公司投入的精力和成本也会增加。因此，公司一定要充分考虑自己的业务情况和经济实力，建立最有效、成本最低的分层模型。

在成功构建分层模型后，公司可以有针对性地实施运营策略，提升不同层级客户的销售转化率。同时，公司还可以根据客户的层级优化资源配置，将有限的资源合理投入客户管理中，以创造更多的利润。

11.5 复购=复利=高收入

如今，获取新客的成本持续增加，提升效益简单、有效的方式是引导客户复购，以提高整体业绩。在引导客户复购前，公司首先需要明确客户流失的根本原因。从宏观角度来看，几乎每个行业都存在产能过剩、产品同质化严重的问题。客户的选择变多，购物需求也发生了变化，单一功能的产品很难满足客户的需求，他们更愿意为产品的附加价值买单。

公司想引导客户复购，就要转变经营思维，摒弃向客户介绍产品的传统思维，采用向客户介绍生活方式的新型思维。例如，销售人员向客户介绍服饰的时候，可以在不同的场景展示服装的搭配效果，让客户感受到服饰能为自己带来改变或者提升自己的生活品质，从而激发购物欲望。

公司也可以通过"三七二十一"回访机制，提升客户体验，从而引导客户复购。"三七二十一"回访机制，即将客户购买或收到产品的当天作为一个时间节点，在第3天、第7天、第21天进行回访。

例如，某家主营艾灸产品的公司在采用"三七二十一"回访机制后，客户复购率高达95%。在客户签收的第3天和第7天，公司的销售人员打电话进行回访，询问客户是否开始使用、使用效果如何、是否需要具体指导等。这种回访机制的实用性极高，不仅成本较低，还能给客户留下负责任的印象，增强客户对品牌的信任。

因为艾灸本身就是消耗品，所以在第21天回访时，客户购买的艾灸几乎用完，这时候回访很容易激发客户的购物欲望。如果在前两次回访中，销售人员成功与客户建立信任关系，产品的复购率必定有所提升。

此外，公司在使用"三七二十一"回访机制时，还需要注意收集客户反馈，及时改进产品与服务。对于那些复购率高、购入量大的高净值客户，公司要重点关注。公司可以为每个客户建立档案，详细记录客户的个人信息、购物信息及反馈意见，更好地为客户提供个性化服务。

11.6 壁垒高才能"圈"出高利润

对任何公司来说，竞争壁垒都是一把非常好的"保护伞"。竞争壁垒分为硬性竞争壁垒（技术、学术经验等）和柔性竞争壁垒（业务方向、数据积累能力、策略和执行力等）。与硬性竞争壁垒相比，柔性竞争壁垒更具有价值，甚至能够决定公司的成败。

1. 柔性竞争壁垒之业务方向

业务方向在一定程度上决定了创业者是否愿意躬身入局、脚踏实地做别人不想做或不愿意做的事。聪明的创业者通常会基于自己的业务方向有意或无意地关注行业的空白领域，挖掘尚未被覆盖的业务。这些业务往往蕴含着非常大的价值。

2. 柔性竞争壁垒之数据积累能力

以 Facebook 为例，如果它没有建立用户必须注册才能浏览平台内信息的保护机制，就很难积累大量数据。再如，苹果公司庞大的客户体量使其能够凭借丰富的数据搭建完整的内容生态，让硬件与软件形成闭环。这些是后来者几乎难以撼动的绝佳"护城河"。

3. 柔性竞争壁垒之策略和执行力

很多领域都存在"赢家通吃"的现象，这让一些公司望而却步。其实，创业者应该站在"巨人"的肩膀上，学习其他公司的成功经验，不断地为自己的公司积累优势。

Google 曾计划重建数据中心，但考虑到不希望竞争对手了解 Google 数据疯狂增长的情况，便注册了一家新公司，专门用于在美国境内寻找成本低、资源丰富的数据中心。直到上市之前，Google 都一直采取这种低调的发展模式。为了顺利上市，Google 需要披露相关材料，此时其他公司才意识到搜索带来的价值如此巨大，但为时已晚。

除了策略，创业者和核心团队的执行力也非常重要。

戴尔科技公司的创始人迈克尔·戴尔很早就意识到有必要大力宣传互联网，推动员工对互联网的关注和重视。当时他要求团队在公司内部张贴海报，海报上赫然印了一行字："Michael wants you to know the net!"（迈克尔希望你能深入了解互联网）。他还在诸多内部演讲中热情洋溢地表达了自己对互联网的看法。

迈克尔·戴尔在明确未来的发展方向后亲自上阵，带领全公司员工全方位地执行相关战略。在他的领导下，整个团队信心满满，全力研究互联网相关理论及应用。团队成员依靠强大的信念和执行力，不仅提高了在线订单的成交量，还使员工的很多工作能在线上完成，极大地推动了戴尔科技公司的发展转型与升级。

因此，公司有了强大的竞争壁垒，尤其是柔性竞争壁垒，就可以在市场上占据优势地位。资金、人才、技术等资源都会向公司倾斜，利润也会有所提高。

11.7　加强成本管理，杜绝浪费

收入-成本=利润，一个公司想实现高利润，除了增加收入，还可以降低成本。成本作为公司的"大后方"，每降低 10%，利润就会有所提高。而且，减成本也能够减风险。

那么，公司怎么做才能将成本降低呢？方法如下。

（1）砍机构。砍机构要快刀斩乱麻，要引导所有员工参与进来，实践"利润导向，客户导向"的原则。另外，公司要重组产品研发、销售、订单交付这三大流程，不设副职，由副总兼任正职，明确其职责。另外，公司还要减少组织层次，对每个岗位进行量化，把每个部门变成利润中心。

（2）砍人手。在公司中，3名员工里可能只有1名员工真正创造价值，这就要求公司给每名员工设定明确的目标，有可量化的数据，并对员工进行考核。这样可以减少人力浪费，实现"10-1＞10"的效果。

（3）砍库存。公司要设定最低库存标准，尽量做到零库存；实行循环取货机制，与供应商保持沟通；与供应商建立良好关系，确保供应商优先送货等。

（4）砍采购成本。公司要关注3个重点：业务、产品、客户。在确保自身实现正向发展的前提下，公司可以适当地砍采购成本，以减轻成本负担。

（5）砍固定资产。砍固定资产要"手起刀落"，因为固定资产会占用公司大量资金。无论是否被使用，固定资产都会产生折旧与磨损。而且，随着技术的升级，固定资产需要不断地更新，产生更多维护、修理等方面的成本。

沃尔玛是世界500强之一，它和我国的很多公司存在共性：出身"草根"、白手起家、劳动密集型、追求低成本等。通过研究沃尔玛的低成本运作模式，其他公司可以从中学习一些成功经验。

沃尔玛砍成本的方法，如图11-1所示。

图11-1 沃尔玛砍成本的方法

1. 从上到下的节约观念

沃尔玛没有华而不实的办公场地和办公设备，始终坚持"合适的才是最好的"原则。每到销售旺季或者节假日，沃尔玛的经理们都会穿着西装在第一线直接为消费者服务，而不是像其他公司那样招聘新员工。节约是沃尔玛从上到下的一种观念和传统。

2. 直接采购

沃尔玛绕开中间商，直接从工厂进货，减少了进货的中间环节，为降低采购价格提供了更大的空间。每经过一个中间商，产品的价格至少要高几个百分点，甚至十几个百分点。避开中间商能够节约成本，这样沃尔玛就能在进货价格方面比竞争对手更具优势。

3. 统一配送

沃尔玛实行统一订货、统一分配、统一运送的模式。为此，沃尔玛建立了配送中心，每家分店只是一个纯粹的卖场。供货商将货物送到配送中心后，在48小时内将装箱的产品从一个卸货处运到另一个卸货处，不会在库房里消耗太多时间。这种做法使沃尔玛每年节省数百万美元的仓储费用。

4. 借助高新技术有效协调货物配送

沃尔玛投入4亿美元发射了一颗商用卫星，实现全球联网，用先进的技术保证了货物的高效配送。通过全球联网，沃尔玛总部可以在一小时内清点全球所有分店每种产品的库存、上架及销售量，迅速掌握销售情况，及时补充库存，减少存货费用。

所以，公司要把不必要的成本当作"毒瘤"割掉，不断地向员工传播降低成本的理念，培养员工的节约意识，将降低成本与组织发展密切联系起来，获得更多的利润。

第 12 章

品牌 IP 化：抢占影响力于无形

很多公司依靠好产品来吸引客户的关注，却忽视了品牌的重要性。形成自己的品牌，公司就为客户记住自己提供了记忆点。而想让品牌获得更大的价值，公司必须对品牌进行 IP 化改造。实现 IP 化的品牌更容易被客户记住，客户购买产品时会率先想到该品牌。久而久之，品牌 IP 就会成为公司的稀缺资源，不仅帮助公司提升影响力，还使公司获得更好的发展。

12.1 自测：你真的了解品牌 IP 化吗

如今，"IP"这个概念得到广泛传播，不少公司将 IP 与品牌打造相结合，挖掘品牌 IP 的商业化价值。IP 化逐渐成为公司打造品牌的一种新方法。不可否认，品牌 IP 化确实可以提升品牌的辨识度，加强公司与客户之间的联系。

品牌 IP 化，是指公司通过内容输出、事件营销等方式提升品牌的影响力，从而提高产品的市场认可度。其本质是一种信任机制，公司通常利用这一机制向客户展示自己的综合实力，降低客户的选择成本，吸引客户购买产品。

"泰迪陪你"是一家咖啡店，主要面向喜欢泰迪熊的广泛受众群体，并开辟了一条独特的 IP 联动营销路线，将品牌 IP 化发挥到极致，在一年内成长为行业内的销售先锋。

许多卖场的中央布置了一个硕大的泰迪熊展台，展台上陈列着大小不一的泰迪熊。当人们走进这个满是泰迪熊的展台时，通常会被这些泰迪熊所吸引，并与它们合影或者购买相关产品。消费者付款后会收到一张"泰迪陪你"咖啡店的咖啡赠饮券。这种看似不经意的引导实际上是品牌 IP 化的延伸，能够直接将受众吸引到"泰迪陪你"咖啡店，营销效果显著。

"泰迪陪你"的创始人将泰迪熊摆放在卖场、车展、知名楼盘等，吸引了大量消费者前来体验。顾客来到咖啡店后会拍照并分享到朋友圈，这不仅帮助咖啡店吸引了更多粉丝，还帮助咖啡店节省了宣传和推广费用，提高了咖啡与泰迪熊的销售量，并为咖啡店获得了与车展、楼盘合作的机会。

在品牌 IP 化方面，公司还可以开发与众不同的吉祥物，其实这些吉祥物就是品牌的 IP。例如，麦当劳、肯德基推出的吉祥物套餐受到全年龄段客户的好评，提高了其他产品（汉堡、薯条等）的销售量。

在粉丝经济时代，客户不仅重视产品的质量、服务和价格，还很在意产品的流行程度。正如"泰迪陪你"的创始人所言："真正开发出第二营销 IP 互动的产品，才可以稳固自己的消费者。"品牌 IP 化可以有效吸引客户的关注，帮助公司提高客户忠诚度，而那些不重视品牌 IP 化的公司，很可能会被市场淘汰。

12.2 品牌 IP 化"三大派"

很多创业者已经认识到品牌 IP 化的重要性，正在积极寻求品牌 IP 化之路。但要实现品牌 IP 化，创业者必须先了解品牌 IP 化的三大派别。

1. 符号派：为品牌打造一个载体

米其林轮胎人、麦当劳小丑和肯德基爷爷是最早的 IP，在还没有 IP 这个概念时，它们被称为超级 ICON，即超级符号。实际上，用符号来表达品牌确实更加直观，简单的符号更容易在客户心中留下深刻印象，降低公司的传播成本和客户的记忆成本。

公司可以先对品牌的某种特性进行强化，再将这种特性打造成品牌独有的符号。这样可以加深客户对品牌的印象，当他们看到相关信息时会立刻联想到该品牌。例如，金黄色的"M"让我们联想到麦当劳；咬掉一口的苹果让我们联想到苹果公司……这些符号从视觉、听觉、嗅觉等方面刺激我们的认知，逐渐成为品牌的标志。

公司设计符号的时候，可以将品牌的名称、关键字等进行变形，直接作为符号。这样方便客户将无形信息转化为有形信息，从而降低品牌传播的难度。阿迪达斯的三条杠和耐克的对钩都能快速建立客户认知，并在众多品牌中快速吸引客户的注意力。

2. 互动方法派：连接客户与品牌

好的品牌要关注客户的反馈情况，并据此对产品和宣传方案进行调整，以真正满足客户的需求。因此，公司应该建立健全的沟通机制，实现客户与品牌的连接。

金属打火机品牌 Zippo 很注重客户反馈，它投入大量时间和精力回应客户，包括为客户提供实时售后服务、认真考虑客户的建议、耐心解决产品存在的问题、转发并感谢客户的赞许等。这一系列行为使得 Zippo 公司收获了客户的广泛好评。

在实际操作中，公司可以通过以下 3 种方式逐步建立客户与品牌之间的连接。

（1）定期主动与客户联系，询问产品的使用情况及产品是否出现质量问题，为客户提供周到、细致的售后服务，让客户感受到公司负责任的态度，从而对品牌产生好感。

（2）鼓励客户公开产品使用体验，并对主动公开使用体验的客户给予一定奖励。让客户公开使用体验的目的是让潜在客户看到已经购买产品的人如何通过产品简单、快速地解决问题。

（3）设计客户展示页。客户展示页一般呈现在品牌官网、官方微博或微信公众平台，用来加强客户与客户、客户与品牌之间的交流。其内容主要包括客户体验、产品介绍、使用方式、公司回复、客户的感谢信等，形式可以是图片、视频等。

这3种方式是连接客户与品牌的秘诀。公司与客户沟通、进行品牌建设和宣传的时候，应根据自身发展情况制定相应的方案，多关注客户的反馈。

3. 文化派：IP要先有文化价值和情感价值

IP的商业价值实际上蕴含在文化价值和情感价值中。因此，如果公司按照标准化流程进行品牌IP化，就很容易出现情感缺失的问题，导致品牌难以引起客户的共鸣。在这种情况下，要打造蕴含文化价值的品牌IP，首先应该找到品牌的文化母体，并以此为依托构建品牌的世界观和价值观，让客户对品牌产生无限联想。

IP化的品牌应该有较强的时代性，即符合该时代客户的情感特征。公司可以利用这一特点，为自己的品牌注入文化价值和情感价值，从而打造文化IP，实现品牌IP化战略。

12.3 AISAS传播原理激发分享欲

AISAS传播，又称病毒式传播，顾名思义，就是信息像"病毒"一般快速扩散。病毒式传播的主要方式是"让大家告诉大家"，即通过提供有价值的产品或服务，利用群体之间的相关性，让客户将品牌主动分享给他人，从而达到宣传品牌的目的。

如今，病毒式传播已经成为各公司进行品牌推广的常用方式。实现病毒式传播，各公司必须按照 4 个步骤进行，如图 12-1 所示。

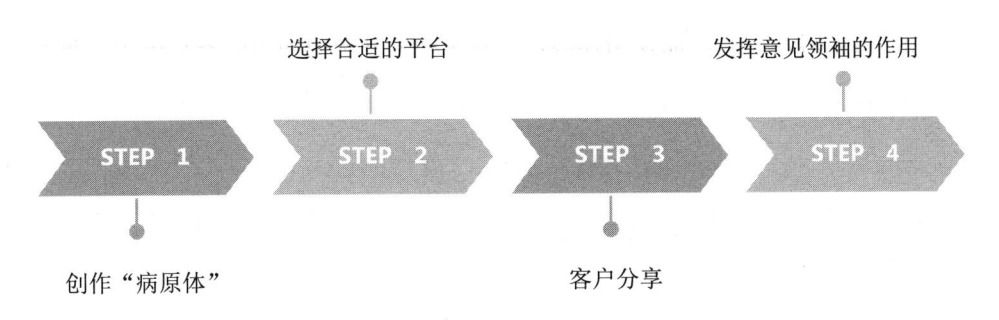

```
STEP 1          STEP 2          STEP 3          STEP 4
                选择合适的平台                    发挥意见领袖的作用
创作"病原体"                    客户分享
```

图 12-1　病毒式传播的 4 个步骤

1．创造"病原体"

创造"病原体"，即创造热点话题。这个话题必须有足够的吸引力，能够引起客户的情感共鸣。公司应根据自己品牌的特点，通过文字、图片、视频等形式合理传播"病原体"。在传播过程中，公司还可以加入品牌信息，以加深客户对品牌的印象。

不仅如此，"病原体"还要新颖、不老套、通俗上口、有艺术感染力，这样可以有效增加客户的愉悦感，使其对客户更具吸引力。

2．选择合适的平台

公司想实现病毒式传播，选择一个合适的平台至关重要。合适的平台能够使原本不起眼的话题受到大众的关注，从而实现广泛传播。如果平台选得不好，即使有传播潜力的话题，也可能被埋没。大多数公司会选择比较流行或比较权威的社交平台，如微博、微信、小红书、抖音等，这是合理的。但需要注意的是，选择的平台要与品牌的特性、品牌的风格及目标客户的定位相匹配，这样可以更有效地吸引客户的关注。

3．客户分享

客户分享是进行病毒式传播最主要、最值得注意的环节之一，也是病毒式传播的根本。促进客户主动分享有两种常用的方式：一是对产品进行升级或者增加新功能；二是先针对信息接收速度快、传播能力强的客户进行宣传，再通过他们扩大传播范围。

在这个过程中，分享链接是客户分享、进行二次传播的关键。公司应该设计一个信息全面、简单明了的链接，以便客户能够更流畅地进行分享。

4．发挥意见领袖的作用

在病毒式传播中，意见领袖的作用不可忽略。意见领袖通常是行业内有影响力的权威人物，若能得到他们的认可或推广，传播效果将会更好。

病毒式传播就像"放烟花"，旨在让全世界知道品牌。公司应积极寻找各种方式让客户接触品牌，例如，在微博、微信等渠道投放广告，并同步开展营销活动，通过各种方式向客户推广品牌。

12.4　差异化战略：抢占头部位置

在当今这个不缺人才和品牌的时代，有各种各样的产品供客户选择。因此，公司要想让自己的品牌传播出去，就要找到差异点。那么，公司应该如何找到差异点呢？如图 12-2 所示。

当公司计划在某个领域做到最好时，往往会发现这条赛道的头部位置早就被其他公司占据，这使得超越他们变得困难。但此时公司要做的并不是超越他们，而是找到与对方的差异和自己的独特之处，在自己的突出方面持续发力。

成功的品牌都有区别于竞争对手的独特之处。假设你现在想开一家咖啡店，目标是在星巴克和蓝山咖啡已占据绝对优势的情况下开辟一块属于自己的市场领地，你需要怎么做呢？绿山咖啡给出了一个很好的思路。

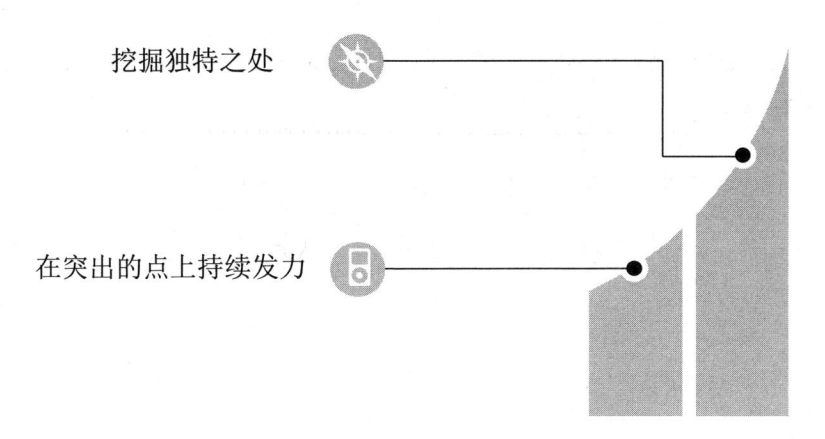

第 12 章 品牌 IP 化：抢占影响力于无形

挖掘独特之处

在突出的点上持续发力

图 12-2 找到适合自己的差异点

有些人可能认为绿山咖啡无法与星巴克相提并论，甚至很多人都没有听过这个咖啡品牌。事实上，绿山咖啡的股价一度远超星巴克。绿山咖啡有一项专利产品，名为"K 杯"，它是一个外表像纸杯的容器，里面有一个只能渗透液体的纸杯状的渗透装置，上面有铝箔盖封口，以保证咖啡的香味不散发出去。

我们只需要将 K 杯放入配套的"克里格咖啡机"，按一下按钮，加压注水管就会穿破铝箔盖进入滤杯中，注入热水。咖啡机会精确控制水量、水温和压力，以保证咖啡的香味，从而方便、快捷地制作出口感很好的咖啡。把 K 杯放在咖啡机里，不用磨咖啡豆、称量、清洗、揣量是否放多了材料，一分钟就能得到一杯香醇的咖啡，而绿山咖啡的价格是星巴克价格的 1/10。

美国东北部地区数以千计的办公室都配备了绿山咖啡的咖啡机，这样员工可以避免因"办公室的咖啡太难喝"而外出购买咖啡，同时也能花较少的钱喝美味的咖啡。绿山咖啡申请了多个与 K 杯相关的专利，将 K 杯技术向所有饮品商开放，这些饮品商只需要向绿山咖啡支付每杯 6 美分的许可费。因此，绿山咖啡把 K 杯打造成了一个面向饮料行业的开放平台。

在咖啡零售领域，虽然星巴克的分店已经遍布全世界，但是绿山咖啡凭借自己独特的定位，同样成为该领域内的一大巨头，并建立了自己的盈利体系。由此

149

可见，公司建立品牌应该重视的不是自己比竞争对手好在哪里，而是自己能在哪个方面做到第一。

公司对品牌进行定位并寻找其独特之处时，不要随大流，应该凭借独特的优势进入赛道，在突出方面持续发力，让别人一听到品牌名就能想到某一种特质，提升品牌的辨识度。

在竞争日趋激烈的时代，公司应该利用自己的独特之处提高创新能力，充分满足客户的需求，并通过个性化产品在市场中占据优势地位。

12.5 创始人 IP 价值无限

同类的产品很多，但创始人是唯一的，而且这个唯一性是提高品牌辨识度的最好方法。很多人认为脱离了品牌的传播都是空谈，但没有创始人，品牌本身不会存在。因此，在进行品牌 IP 化过程中，创始人 IP 的力量不容小觑。

为什么创始人 IP 对品牌如此重要？下面从两个方面展开讨论。创始人 IP 对品牌的重要性如图 12-3 所示。

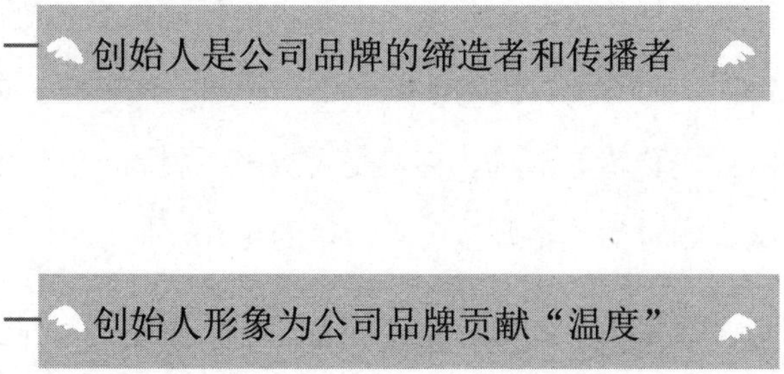

> 创始人是公司品牌的缔造者和传播者

> 创始人形象为公司品牌贡献"温度"

图 12-3　创始人 IP 对品牌的重要性

1. 创始人是公司品牌的缔造者和传播者

在世界 100 强公司中，不少公司的名字就是创始人的名字，创始人的名字已经成为品牌 IP，如福特、迪士尼、松下等。

无论是谷歌、阿里巴巴还是华为，他们的创始人都成了创业明星，拥有很高人气和关注度。他们借助粉丝效应建立个人影响力，传播自己的 IP 与商业理念，从而为自己的公司和产品加持，塑造和推广品牌。

2. 创始人形象为公司品牌贡献"温度"

相较于打造品牌，打造创始人 IP 更容易一些。因为创始人 IP 相对感性，更形象、立体。无论通过何种方式打造品牌形象，都不如让一个活生生的人站在客户面前更真实。因此，从品牌形象打造的角度来看，基于创始人打造品牌 IP 更具辨识度。

一些创业者忽视了对个人形象与个人魅力的塑造与宣传，甚至对此非常排斥。然而，"磨刀不误砍柴工"，经营好创始人的个人形象能够为公司的发展提供很大助力。

相应地，如果创始人不能很好地经营个人形象，就会在一定程度上影响公司的发展。例如，某集团创始人经常在网上发布一些没有出处、真实性不详的新闻，甚至还公开宣扬错误的价值观，过分夸大金钱对人生的意义。这不仅失去了客户的信任，还被媒体点名批评，对公司及其个人 IP 造成了严重的负面影响。

由此可见，创始人 IP 是一把双刃剑。创始人只有谨言慎行，合理使用自己的 IP，才能发挥最大、最好的效果。否则，不仅无法促进公司的发展，还可能起到反作用。

12.6 双品牌建设是大势所趋

究竟是乔布斯成就了苹果公司，还是苹果公司成就了乔布斯？很多人都思考过这个问题。这个问题可以延伸为"创始人个人品牌与公司品牌，哪个更重要？"其实，创始人个人品牌与公司品牌都很重要。个人品牌是公司品牌的重要组成部分，而公司品牌则是公司竞争力的体现。

因此，公司可以进行双品牌建设，将创始人个人品牌与公司品牌绑定在一起，使它们"一唱一和"，相互配合，充分发挥品牌价值的作用，达到最好的传播效果。创始人个人品牌与公司品牌的配合主要有以下两种方式。

第一种方式，以创始人个人品牌为主，以公司品牌为辅。

一些公司在经营过程中以发展创始人个人品牌为主，用创始人的热度带动公司发展。此类公司通常由网络名人创立，有一定的经营难度，比较少见。创始人将个人品牌发展壮大不是很困难，但让个人品牌支撑起公司品牌的发展，并不是一件简单的事，这不仅需要流量，还需要创始人有强大的综合实力。

第二种方式，以公司品牌为主，以创始人个人品牌为辅。

一些公司在经营过程中以发展公司品牌为主，而创始人个人品牌只起着有效补充的作用。这种类型的公司较多，如雷军与他的小米公司、李彦宏与他的百度公司等。

创业者采取以公司品牌为主的经营模式，需要做好两点：一是让公司品牌的价值观与风格保持一致，二者不能相悖；二是保持真诚的态度，消除与客户的距离感。

雷军对个人品牌的经营就取得了不错的效果。他在各种网络平台上与粉丝互动，了解粉丝在使用产品过程中遇到的问题，以此为依据对产品进行优化、迭代。同时，他的现场演讲给人一种亲切感，让观众觉得他像一位亲切的长者或亲近的朋友。因此，很多人被他的个人魅力所吸引，成为他的粉丝。

除此之外，小米公司的产品确实有很高的性价比。因此，即使是对小米公司和雷军没有太多了解的普通客户，也比较愿意购买小米公司的产品。

创始人个人品牌与公司品牌交织融合、相辅相成、共同发展，是比较理想的状态。如果只强调公司品牌的作用，就会让公司少了一点儿人情味，无法拉近与客户的距离。而过于强调创始人个人品牌的影响力，创始人个人品牌就有可能反噬公司品牌。

如何把握二者之间的平衡呢？这需要创业者在实践过程中根据公司的特点和实际情况进行适当调整。

第 13 章

流量架构：掀起流量时代新风口

随着时代的不断发展，流量成为公司经营的根本。但现在越来越多的公司，包括传统公司，也开始布局流量战略，这导致流量红利被瓜分殆尽，获取流量的成本变得越来越高。面对高昂的成本，很多公司虽加大营销预算，却收效甚微。为了改善这种情况，公司应考虑打造流量组合，进一步优化流量架构。

13.1 新经济时代，流量是"生死线"

BAT（Baidu、Alibaba、Tencent）之所以能成为互联网的三巨头，主要有两个原因：一是它们占据了主流的三大流量渠道，即社交、搜索和电商；二是这 3 家公司成立时间较早。在我国互联网发展初期，这三大流量渠道互不干涉，也很少存在交集。因此，互联网领域内的流量能被一家公司独占。

众所周知，流量是互联网公司的命脉，有流量才有经济效益，有经济效益的公司才能持续发展，占有足够多的流量也是早期互联网公司野蛮生长的原因。如今，随着互联网经济的发展，公司之间的业务交集越来越多。人们在搜索时能看到电商推送，购物时能聊天交友，聊天交友时能购物、查看店铺链接。每个公司

第 13 章 流量架构：掀起流量时代新风口

都盯上了其他领域的流量。在流量通道被打通的今天，内容成为串联起不同流量渠道的重要工具。

公司品牌越强势，越能吸引优质客户，这些客户会为公司带来很多流量。其中，精准客户的流量质量更高，更能为公司创造财富。在互联网发展初期，公司竞相野蛮生长，待各领域逐渐成熟、发展初期的红利消退后，互联网就进入了存量时代。客户的增长达不到公司的要求，流量自然成了稀缺的宝贝，价格自然也随之攀升。

在互联网时代，流量十分珍贵，内容非常重要。怎么用内容获得流量呢？最好的方式是让客户成为粉丝，然后生成内容，生成流量。

一旦有了内容，就相当于有了"子弹"。将内容上传到互联网，传播就开始了。试想，如果有更多的内容，并被更多的人传播，以现在互联网的传播速度，其影响力和规模是不言而喻的。同时，公司 IP 也能在这个过程中发展起来，IP 效应会为公司带来更多粉丝和流量，使公司发展进入良性循环。

在内容为王的时代，流量成了"薛定谔的猫"，令人难以捉摸。例如，百雀羚通过一个民国悬疑故事《一九三一》推广母亲节定制礼盒——月光宝盒。这个广告引发了现象级传播，证明它的确戳中了观众的痛点。然而，朋友圈表面繁荣的背后却是惨淡的营销数据，《一九三一》的阅读量虽然高达千万次，但其转化率不到 0.008%，"月光宝盒"的月销售量只有两千多个。

内容的阅读量与产品销售量严重不匹配，不仅给公司敲响了警钟，也使其重新思考流量与广告的价值。由此可见，获取流量终究是为出售产品、获取利润服务的，不只是博君一笑。

很显然，从传播效果来看，百雀羚的广告是成功的，它成功吸引了消费者的注意力，为品牌带来了巨大的流量。但消费者看完广告之后，赞美的是广告，而不是产品本身，这就有点本末倒置了。

百雀羚本着吸引年轻客户的目的，急于搭上流量的"快车"，忽视了自己的忠实客户大多是年龄偏大的女性，最终导致营销内容与产品的核心客户分离，只能惨淡收场。这个案例说明，获取流量的确可以为公司获得关注，但真正帮助公司盈利的是转化率。许多公司制作内容时执着于做"爆款"，忽视了自己主流客户的痛点，这只能造成虚假繁荣，对产品的实际销售量没有任何帮助。

不同的消费者，关注点不同。百雀羚的客户主要是年龄偏大的女性，她们更喜欢偏主流的宣传方式，悬疑故事《一九一三》显得过于冗长且主旨不明。"不知道在说什么""广告太长了""对产品的强化不够""操作过程复杂"，这些都是客户的直观感受。客户只想买东西，而这篇文案却需要他们进行各种搜索、点击、跳转，这个过程中客户很容易流失。

因此，设计内容要以客户为基础，这样生成的流量才是有效的。只有有效的流量才能带来高转化率，最终为公司盈利。

13.2 流量池：社交流量+线上流量+线下流量+商业流量

如今，获取公域流量变得越来越难，在这种情况下，公司想提升竞争力，就应将公域流量沉淀到私域中。公司可以通过微信小程序、微信公众平台、微信群等形式建立私域流量池，利用社交流量、线上流量、线下流量、商业流量四大触点来实现全域获客。

（1）社交流量是指通过社交关系获取的流量，包括导购、拼团、砍价、分销等渠道。拼团、砍价、分销主要通过利益激励消费者进行社交裂变传播，为公司带来更多消费者和订单；而导购是通过社交与消费者建立关系，提升到店消费者的转化率。

（2）线上流量是指公司通过网络进行广泛营销而获取的流量。公司可以通过微信公众平台内容推送、微信卡券投放、小程序浮窗、直播等入口触达消费者，与他们产生连接。

第 13 章　流量架构：掀起流量时代新风口

鸿星尔克依靠高质量的产品和诚意十足的优惠活动在直播间掀起一股消费浪潮，当时很多自媒体开始以"鸿星尔克"为主题创作文章、短视频等，其中也不乏浏览量超过 10 万次的优质内容。

人民日报等主流媒体点名表扬鸿星尔克，发布了很多关于鸿星尔克的正面报道。一时间，鸿星尔克火遍全网，门店顾客爆满，甚至还有忠实粉丝在线下门店购买了 500 元左右的产品，结果支付了 1000 元就立刻离开门店，目的是支持鸿星尔克这个良心国货品牌。

鸿星尔克通过线上直播，输出极具吸引力的内容，再加上媒体的支持和帮助，获得了一大批线上流量。而这些线上流量也带动了线下渠道的销售业绩，可谓一石二鸟。

（3）线下流量是指公司通过线下服务获取的流量。门店、海报、互动大屏、"一物一码"等都是线下私域流量的入口，能够使产品与消费者之间实现数字化连接。鸿星尔克在大多数"星创店"的店面最上方安装了互动大屏，这样不仅可以吸引一大批消费者打卡留念，还可以进一步提升店内销售业绩，"星创店"的互动大屏如图 13-1 所示。

图 13-1　"星创店"的互动大屏

（4）商业流量是指公司通过付费广告、KOL（Key Opinion Leader，关键意见领袖）、IP打造等获取的流量。这些流量较为精准，是私域流量池中的优质流量，公司要重点维护。例如，现在很多公司都致力于打造创始人或管理者的个人IP，制定双品牌战略，从深层次为销售业绩增长赋能。

鸿星尔克的总裁吴荣照曾在鸿星尔克官方直播间亮相，向广大观众展现自己朴实、亲切的一面，再加上他之前捐款所塑造的爱国形象，一大批消费者进入直播间购买产品。与此同时，他的个人IP也得到了进一步升华。

13.3 借助热点引爆公域流量

一个引爆公域流量的好办法是借助热点。何谓热点？无外乎就是近期发生，并且具有很大影响力的事件。在品牌建立的过程中，必须有热点，因为它能够为公司和产品带来广泛关注，进一步提升其影响力。

这里所说的热点可以是社会新闻，也可以是娱乐新闻，具体内容要根据公司所处的领域来决定。例如，专营运动服装品牌的公司可以多关注一些体育界的新闻，从中寻找热点。公司利用热点为品牌加速时，应多关注权威的带有热点的平台，如微博、今日头条、新榜等。

（1）微博会根据客户对某些话题的点击量形成一个热搜榜单，这个榜单就是热点的来源。另外，微博还有一个非常好的设计——热门微博分类。这样大家就可以根据自身所处领域有针对性地寻找合适的热点，进而节省一大部分时间和精力。

（2）今日头条有一个专门推送热点的栏目，还有一个名为"头条热榜"的板块，它们都可以成为公司追踪热点的工具。

（3）新榜的定位是内容创业服务平台，比较适合想通过自媒体，如微信公众平台、抖音、微信视频号等做宣传的公司。新榜包括周榜、月榜等栏目，不仅可以帮助公司更好地了解整个行业的动态，还可以帮助公司积累素材，让公司借助优质内容宣传品牌和产品。

在寻找到合适的热点后,公司应利用热点宣传品牌和产品,具体应该从以下3个方面着手,如图13-2所示。

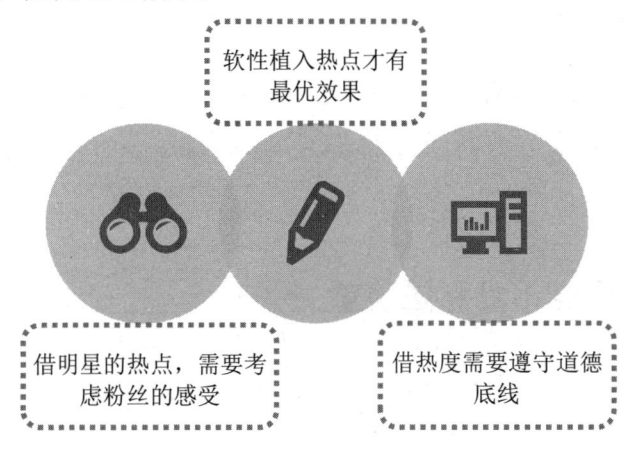

图13-2 巧借热点应该注意的3个方面

1. 软性植入热点才有最优效果

公司借热点时,创意非常重要,必须给消费者一种自然、舒适的感觉。如果公司直接硬性植入热点,或者选择与自己不合适的热点,就有可能产生东施效颦的效果。例如,一个专门销售中老年服装的品牌如果执意要借"国潮"的热点,可能很难达到预期效果,因为中老年消费者更看重服装的舒适感和价格,对是否有"国潮"元素并不是很在意。

2. 借明星的热点,需要考虑粉丝的感受

之前,两位明星在微博上发生了激烈的争论,双方各执一词,谁也不肯退让。某公司通过自己的官方微博发布了一篇文章,文章主要是为其中一位明星说好话。然而,另一位明星的粉丝数量非常多,由于该公司没有照顾到粉丝的感受,一味地蹭热点,结果遭到了粉丝的严重攻击,自身形象也受到了影响。

3. 借热度需要遵守道德底线

所有公司都可以蹭热点,但不可以不择手段、随意造谣、违背道德底线。公

创业开公司：新时代管理与增长战略

司想获得消费者的支持，首先要优化自己的形象，将自己打造成为一个价值观正确、弘扬"正能量"的品牌。其实，公司付出的努力都是在为自己积累价值，如果仅仅为了一时的热度而做出不符合常理的行为，最终可能会吃亏，进而影响消费者对品牌和产品的信任。

对公司来说，能够蹭到热点当然是好的，但不要过于执着。公司寻找热点、蹭热点时，要多实践、多练习、不断试错。只有这样，才能找到合适的方式，并持之以恒地加以坚持。

13.4 社群思维下的私域流量

如果公域运营是获取"流量"的过程，那么私域运营就是积累"留量"的过程。公司想获得持续关注和认可就必须重视私域运营的作用，想方设法地将消费者的一次性消费转化为永久性消费。

社群是公司与客户进一步沟通、交流的载体。构建客户社群是公司将客户沉淀到自己私域中的有效方法，搭建高质量社群是公司加快实现对客户的科学管理和快速转化的重要基础。

往往客户只在交易过程中与公司产生联系，交易完成后，公司与客户的关系链很有可能断开。而高质量的社群能够很好地维系公司与客户之间的关系，使公司用最低的成本和最少的时间实现客户引流、转化，增强客户黏性。所以，搭建社群十分重要，需要从以下6个方面入手。

1. 社群定位

社群定位包括三部分：核心定位、消费者定位、内容定位。做好核心定位，需要公司明确社群成立目标、社群标签、社群功能，分析社群能够为消费者带来什么价值。消费者定位包括明确消费者的性别、年龄、地域、职业类型、经济实力等。

内容定位包括分析内容类型、深度、输出方式等。精准的社群定位有利于强化消费者对社群的认知，帮助公司打造合理的社群体系。

2．客户分类

在搭建社群之前，公司应该做好客户分类。公司可以借助数据分析给客户打上标签，先根据标签将客户分为不同类型，再将相同类型的客户邀请至同一个社群，以实现对客户的分类管理，为不同类型的客户提供符合其需求的服务。

3．社群规则

高质量的社群需要具备系统、合理的社群规则。一般来说，社群规则包括两个方面，分别是入群规则和言行规则。

常见的入群规则有 5 种：邀请式（客户通过群成员的邀请方可入群）、活动式（客户参加特定活动方可入群）、审核式（客户回答问题，审核通过后方可入群）、推荐式（群成员向群主推荐，由群主或管理员将客户拉入群中）、付费式（缴纳一定的费用方可入群）。

言行规则是对群内成员言行的约束，防止社群主题偏离、群内秩序混乱。常见的言行规则有：不能在群里发广告，不能发表负面言论，不能"刷屏"等。

4．社群架构

在社群架构中，群主是建立社群、邀请成员、移除成员和解散社群的关键角色。KOL 起到活跃社群氛围、发起话题的作用。管理员的职责包括成员引流、发布公告、引导话题、活动预热和维护群秩序等。

5．社群运营

社群建立后，稳定的运营是提升社群质量的关键。公司需要定期策划一些客户感兴趣的社群活动，如抽奖活动，要尽可能地让社群内的多数客户中奖，让大部分客户都能从中获得参与感和满足感，从而提升客户参与社群活动的积极性。

同时，公司要注重发挥社群的裂变作用，利用福利促使社群成员拉新，促成客户裂变。

6. 倍增和裂变

公司搭建社群矩阵的时候不妨先进行社群的横向倍增。社群可以横向扩展为同城群、交流群、会员福利群、秒杀特价群、学习赋能群等。公司还可以根据不同社群主题对社群进行纵向裂变，如会员福利群可以裂变为淘宝会员福利群、抖音会员福利群等。

社群既是公司传播品牌和产品的重要载体，也是公司与消费者建立信任关系的纽带。完善的社群矩阵有利于公司搭建庞大、稳定的消费体系，推动私域运营更快、更好地发展下去。

13.5 流量能力之一做内容

随着互联网的发展，内容运营对品牌管理的重要性不断增强。因此，任何一家公司都应该顺应时代发展潮流，仔细、认真地做好内容运营。那么，做好内容运营，公司应该从哪几个方面入手呢？如图13-3所示。

做与客户有密切关系的创新内容

充分利用跨界的力量

适当地为内容增添诗意

根据生命周期调整内容体系

让客户一起参与进来

图13-3 如何做好内容运营

1. 做与客户有密切关系的创新内容

在百雀羚、支付宝、小米等品牌借助内容运营取得成效后,一些品牌开始竞相模仿起来,但大部分都是东施效颦,没有进行深层思考。一般来说,寻找与客户有密切关系的内容可以按照以下 3 个方向。

(1)有用。客户都喜欢有用的内容,这是一个毋庸置疑的事实。例如,"逻辑思维"将有价值的知识和技巧收集在一起,形成有用的内容并分享给广大客户。

(2)有价值观。有价值观的内容不仅可以感染客户,还可以帮助客户找到志同道合的朋友,使客户变得越来越优秀,越来越活泼。

(3)有趣。有趣的内容极具传播性,可以成为客户茶余饭后的谈资,让客户在无聊时获得开心、愉悦的体验。

当然,除了寻找与客户有密切关系的内容,内容的创新性也非常重要。因为新时代的客户更喜欢标新立异、凸显个性。例如,鸭脖品牌"鸭鸭惊"每天都会在微博上发布宣传图片,不断强化客户的记忆。"鸭鸭惊"的宣传图片上只有一句口号和一袋产品,如图 13-4 所示。

图 13-4 "鸭鸭惊"的宣传图片

"宝宝心里苦，一鸭一鸭哟！"这句口号是整张宣传图片的核心内容，具有双重特性，前半句"诉苦"，后半句又非常治愈。可以说，在口号的助力下，"鸭鸭惊"向客户传递了"正能量"，被称为"鸭脖界的灵魂导师"。与此同时，啃鸭脖也成为深受客户追捧的心灵治愈方式。

除了每天在微博上发布宣传图片，"鸭鸭惊"还会推送创意广告视频。这些创意广告视频对年轻客户生活、工作、学习、情感上的困扰和烦恼进行了描述、总结，充分强调了"生活再不易，你也可以吃个鸭脖压压惊"的核心理念。

通过富有创意的微博运营，"鸭鸭惊"获得了广大客户的支持和关注，并在短时间内树立了"正能量""鸭脖界的灵魂导师"的形象。不仅如此，"鸭鸭惊"还通过"吃个鸭脖鸭鸭惊，一鸭一鸭哟！"的广告语表达了乐观、积极的生活态度，为自己建立了良好的口碑。

2. 充分利用跨界的力量

跨界是比较常用的一种营销手段。公司进行内容运营的时候，应该充分利用跨界的力量。对很多突然火起来的品牌来说，"一炮而红，一下就死"似乎已经成为不可逃避的宿命，但喜茶却是与众不同的一个。当初，喜茶虽然一夜爆火，但是并没有在爆火后迅速衰落，反而不断地进行融资与扩张，将自己打造成奶茶行业的领导品牌。

喜茶善于利用跨界的力量，并且每一次都能擦出"火花"，进一步促进客户对品牌的宣传和推广。喜茶曾与耐克联合推出一款联名杯套，消费者只需身穿"耐克热血助威 TEE"到北京三里屯喜茶门店，就可立即获得一张喜茶赠饮券。这次跨界不仅非常有趣，还精准触达目标客户，实现了"圈粉"效果的最优化。

喜茶的跨界不仅限于此，它还与美图秀秀开展过一场全方位的跨界合作。在跨界合作期间，喜茶的杯套和会员卡都成了"表情包"，达到了流量收割的目的。从某种意义上来说，喜茶的"表情包"（见图13-5）也可以看作是一种内容运营。

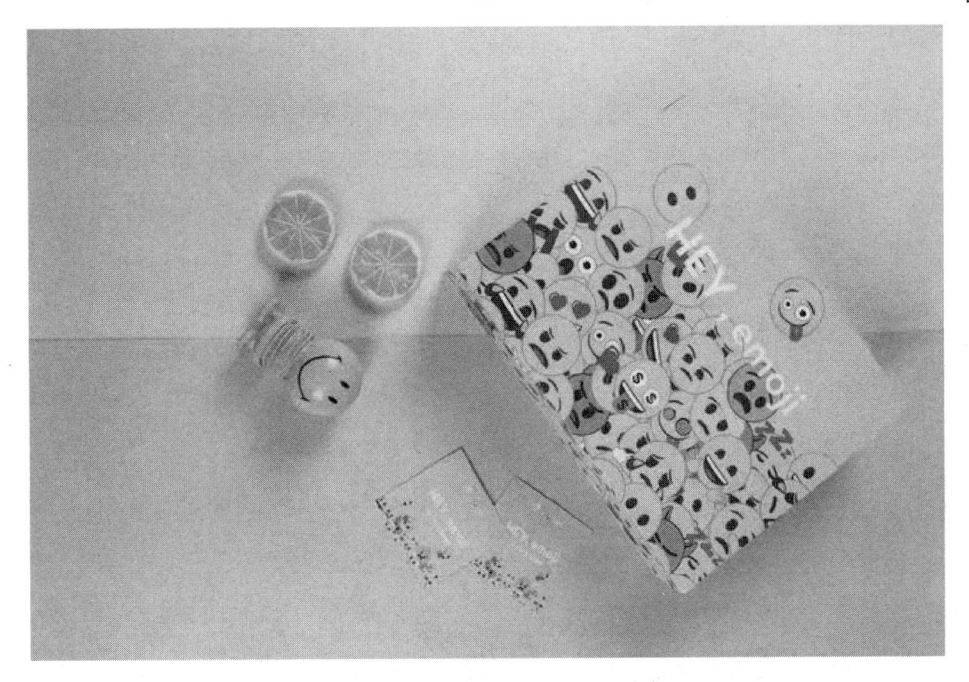

图 13-5 喜茶的"表情包"

无论怎么跨界,喜茶始终追求趣味、灵感与禅意的兼具。通过跨界合作,喜茶在目标客户面前得到了足够多的存在感,从而促使他们进行更大范围的宣传与推广。

3. 适当地为内容增添诗意

在当下这个快节奏的社会,诗意的内容似乎变得尤为稀缺。然而,正是这种稀缺资源,使其受到了广大客户的喜爱和追捧。所以,品牌在进行内容营销时,适当地为内容增添诗意是一件必须做的事情。

如果把长安马自达比作一匹"马",那么它肯定是一匹为实现自己的卖车梦想而在加速道上疾驰的"马"。凭借不断提升的综合实力和引人注目的向上态势,这匹"马"不断刷新着销售纪录。"以梦为马,不负韶华"是长安马自达昂克赛拉的广告语,取自诗人海子的诗篇《以梦为马》中广为流传的一句话——以梦为马,以汗为泉,不忘初心,不负韶华。

在此处,"马"是指像马一样稳重、坚定,我们也可以将其理解为把自己的梦想作为前进的方向和动力,长安马自达昂克赛拉的广告如图 13-6 所示。

图 13-6　长安马自达昂克赛拉的广告

从图 13-6 可知,长安马自达把"以梦为马"中的"马"换成了一辆昂克赛拉,这不仅让广告内容多了一些创意,还充分体现出昂克赛拉是一辆非常稳重的汽车。广告语后半句"不负韶华"与下面的"一路青春,陪伴左右,始终懂得你的坚持"相呼应,再一次升华了广告内容的主题,增添了不少诗意。

4. 根据生命周期调整内容体系

任何一种产品都有生命周期,品牌也是如此。对品牌来说,不同的生命周期有不同的内容体系。在这种情况下，我们需要根据品牌的生命周期对内容体系进行调整。一般来说，品牌的生命周期可以分为导入期、成长期和成熟期。

（1）导入期。公司应该利用内容提高品牌的知名度和影响力，其主要任务是抢占客户心智，让更多客户知道品牌。

（2）成长期。公司应该利用内容提高品牌的美誉度，在设计内容时应该强调产品的优势和价值，使客户黏性得到大幅度增强。

（3）成熟期。公司应该利用内容提升客户对品牌的忠诚度。到了这个阶段，虽然很多客户已经比较了解品牌，但是公司仍然要给予客户提醒，进一步加深客户对品牌的印象。

5. 让客户一起参与进来

小米联合创始人黎万强写过一本名为《参与感》的书，这本书中详细解释了让客户一起参与进来的重要性及具体做法。通常情况下，内容创作有两种类型：一种是客户生成内容（UGC）；另一种是专业生产内容（PGC）。就现阶段而言，很多品牌都只关注后者，而忽略了更重要的前者。

公司想提高内容运营的效率，让客户一起参与进来是一个非常不错的选择。可选方式有很多，主要包括设计互动、开放参与节点、扩散口碑等。例如，某奶茶品牌在推出一款新品后，邀请忠实客户为这款新品取名、做测评，这些过程都可以作为内容进行输出。

品牌进行内容运营时，要让客户参与进来，为其营造一种有温度的参与感，最终实现品牌与客户的共同成长。随着互联网的发展，尤其是移动互联网的发展，客户与品牌之间的关系发生了一些变化。"移动+社交媒体"的出现，使客户第一次通过"关注"按钮与品牌形成真正意义上的闭合。

从本质上看，移动的属性是人类器官的延伸，人类的属性是社交，移动互联的属性是人类与人类之间的社交连接。因此，客户与品牌的连接以移动互联社交

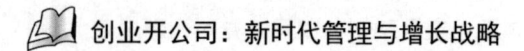

平台为基础，在"关注"式连接上有了物理层面的落脚点。

传统品牌营销的焦点是通过推广建立认知，然后转化，并实现成交，而新时代品牌营销的焦点是建立连接，获得客户，最终实现转化。公司想建立客户与品牌的连接，并输出内容，完善内容运营是最佳做法。

13.6　流量能力之二搞直播

进入直播卖货时代，"万物皆可播，人人皆主播"已经不再是一句戏言。在各大公司，尤其是在电商公司的追捧下，直播卖货俨然已经成为当下最为流行的销售模式。这种销售模式不仅可以迅速吸引消费者，还可以推动线上渠道和线下渠道共同发展。因此，把握直播卖货的新风口，创造更多利益，绝对是公司在新零售趋势下突出重围的秘诀之一。

1. 直播预热留足悬念

如果你已经在直播卖货领域布局，却因直播间人气低迷和业绩惨淡而感到苦恼，首先你应该考虑直播预热是否做到位。正所谓"酒香也怕巷子深"，想让自己的直播间有人气，就必须重视直播预热工作。

在直播预热方面，很多公司选择制造悬念。它们借助直播亮点、直播福利制造悬念，激发消费者的好奇心，吸引消费者按时到直播间购物。

（1）直播亮点。

在直播前说明直播亮点是比较常见的直播预热方法，例如，事先以短视频或图文的形式公布产品清单，在清单中重点突出消费者期待的产品或刚刚研发出来的新品。

天猫曾推出一则广告，用幽默的方式揭示了当代人的真实生活写照，包括"自鸽星人""柠檬星人""焦绿星人"等。想买东西，但是一直在拖，今天拖到明天，明天拖到后天，最后拖到产品下架，这是"自鸽星人"的日常。手速慢，买不到自己心仪的产品，只能看别人买到的产品，暗自酸溜溜的，这是"柠檬星人"。女朋友的生日即将到来，但不知道买什么礼物的是"焦绿星人"。这些生活写照是消费者购物时各种心理的真实展现。

在列举了一些生活实例后，天猫公布了"双11"的直播时间，提醒消费者做好抢货准备。而这只是天猫预热的第一步。为了进一步宣传"双11"，天猫精心挑选了多款热销产品，并搭配朴实的宣传文案，充分引起了消费者对"双11"的关注。

除了将产品作为直播亮点，也可以将参与直播的嘉宾作为直播亮点。公司可以邀请粉丝数量多的网络红人或明星作为嘉宾参与直播活动，并在直播前透露嘉宾的相关信息，但不直接表明嘉宾身份，给消费者留下想象的空间，激发消费者观看直播的欲望。

（2）直播福利。

所有消费者都希望在观看直播时获得福利。为了吸引消费者，公司可以在直播前透露直播福利，增强他们的期待感，让他们主动关注直播活动。

2023年1月，鸿星尔克在自己的抖音账号上发布了直播预热短视频，主播在短视频中展示了一款产品，并说明这款产品在直播间的价格为219元。许多人在得知鸿星尔克的直播间将销售如此高性价比的产品后，去观看直播，并购买自己心仪的产品。

悬念和惊喜是相辅相成的，公司在直播前设下悬念，消费者在观看直播的过程中也会收获惊喜。这样可以让消费者对直播充满期待，从而使公司实现更有效的直播引流。

2. 产品介绍技巧

短视频领域有一个比较流行的"黄金5秒"定律，即短视频必须在前5秒钟内吸引观众，否则，观众会立刻浏览下一个短视频。同样的道理，在直播过

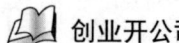

程中，产品介绍也有一个黄金时间，即 5 分钟。如果主播在 5 分钟内不能吸引和说服消费者，消费者就会去其他直播间。所以做直播，掌握产品介绍技巧是非常有必要的。

首先，直播应该展现专业性，以此增强消费者对产品的信任。假设某主播要在直播间销售适合健身人士穿的运动套装，他可以穿着运动套装展示健身技巧。当消费者就某一健身技巧提问时，主播应该及时为消费者提供专业解答。

其次，在条件允许的情况下，主播应该对产品进行试用或试穿，这样可以更直观地展示产品。如果无法立刻在直播间展示产品的使用效果，主播可以讲述自己使用产品的感受，为消费者提供参考。例如，在销售祛痘类护肤产品前，主播可以先试用产品，并记录皮肤状态的变化情况；直播开始后再展示自己未使用产品前、使用产品后皮肤状态的对比图片，让消费者更清楚地了解产品的使用效果。

3. 积极与消费者互动

直播的核心目的之一是卖货，如果直播间留不住消费者，主播就要与消费者互动，增强消费者的参与感，从而进一步提升直播间的热度和人气。

第一，主播可以通过开放式问题引导消费者互动。

主播向消费者介绍羽绒服的时候，可以说"我最喜欢长款羽绒服，因为它可以把我的身体'包裹'起来，不知道大家喜欢什么样的"。当主播向消费者介绍颜色比较鲜艳的鞋子时，可以说"我喜欢颜色鲜艳的鞋子，它会使人看起来青春有活力，但我的朋友更喜欢黑色、灰色等暗色系的产品。大家可以说一说自己的想法"。这种开放式问题能够激发消费者的表达欲，提升直播间的人气。

第二，主播可以开展抽奖活动。

主播可以先引导消费者将指定的互动口号发到公屏上，再随机抽取参与互动的消费者并给予奖励。或者主播可以直接将秒杀产品、优惠券的链接放在直播间，引导消费者及时领取福利。例如，鸿星尔克的直播间经常发放会员大礼包、优惠券等福利，引导消费者与主播互动，让直播间更受消费者欢迎。

第三，主播能够控制直播间的互动情况，如果消费者的情绪过于高昂，或主播与消费者互动的时间过长，就会对接下来的直播进度产生影响。主播应控制好讨论内容和讨论时间，引导消费者积极互动，只有让直播间的氛围更轻松，消费者才愿意参与互动并产生消费行为。

在直播卖货时代，线上渠道与线下渠道更加紧密地融合在一起。公司可以通过线上直播的方式为线下门店带来流量，提升线下门店的销售业绩。例如，在直播时，主播可以介绍线下门店的优惠活动，发放可以在线下门店使用的优惠券，并规定优惠券的使用期限，促使消费者在优惠券到期前到线下门店消费。

此外，线下门店也可以通过一定的方式将到店消费者沉淀到社群、微信公众平台中。当门店开启线上直播时，这些消费者会被引流至直播间，再被吸引到线下门店消费，这样有利于巩固他们和公司之间的关系，形成从引流到回流的完整闭环。

13.7 流量能力之三造场景

在传统零售中，"场"（消费场所或场景）存在的意义在于促成交易，只要交易顺利完成，消费者就不会过多地关注与"场"有关的其他部分。他们面对的消费场景包括线下消费场景（进店、选购、付款、离店）和线上消费场景（搜索关键词、浏览详情页、加购、付款、收货）。

现在，大多数消费者的需求已经不只停留在购买产品的层面了。尤其是年轻的消费群体，他们除了重视产品的质量和性价比，还希望商家提供包括人物、事物、剧情在内的综合消费场景。这种消费场景可以触动他们的内心，促使他们主动付款。

换句话说，消费者表面上是在购买自己喜欢的产品，实际上他们购买的远不止产品本身，包括由产品延伸出来的可以满足他们需求的消费场景。这就可以解释为什么很多公司都争先恐后地抢占线下流量入口，一个非常重要的原因就是只依靠线上渠道，消费者很难获得全方位、高质量的消费体验，毕竟看到的、触摸到的产品才最真实。

为了丰富线下渠道，公司不妨以门店为场景进行直播，以便发挥门店的直播价值，节约直播场景搭建成本。更重要的是，门店直播模式可以增强消费者对公司的信任感和认同感，兼顾线下购物体验和线上互动，从而更好地促进转化。

雅戈尔作为一家积极拥抱新零售趋势的代表性公司，其门店业绩曾因激烈的竞争和较差的市场环境而受到巨大冲击。房租开支大、库存积压等情况更是压得雅戈尔喘不过气来。

为了摆脱困境，开拓新渠道，雅戈尔于2022年年初花费上百万元打造了新零售时尚体验馆，抓住了新零售时代的线下流量入口。有了这个体验馆，之前只存在于镜头中的直播间也有了门店背书，线上与线下的消费群体也被更好地融合在一起。

在挖掘线下流量方面，波司登做得很到位。2022年10月，波司登在上海静安区开设了首家体验店。该体验店使用三层空间设计，每一层空间都放置了智能互动体验设备。

2022年11月，波司登×Maserati 高端户外 Wi-Fi 系列正式发布，如图13-7所示，为消费者提供了极具沉浸感的购物体验。为了让消费者充分感受产品的亮点，有更真实的逛店体验，波司登创新"云逛店"直播模式，使直播间人数持续攀升，将门店的场域优势最大化。

第13章　流量架构：掀起流量时代新风口

图13-7　波司登×Maserati高端户外Wi-Fi系列在体验店发布

门店直播模式是抢占线下渠道的最佳手段之一，但不是唯一手段。公司还可以借助各种科技元素让门店与健身、娱乐、影视等其他业态融合，让消费者在购物过程中产生强烈的参与感。此次活动开创了线下渠道新玩法，为消费者提供了智能、便捷的新鲜体验，堪称是极具代表性的"场"升级典范。

除此之外，鸿星尔克通过"星创店"将线上线下销售渠道打通，让消费者感受场景联动的消费体验。"星创店"可以为消费者提供跑步、生活、综合训练等各种场景下的产品和一站式服务。每个城市的"星创店"开业时，到店内打卡的人络绎不绝，客流量非常大。从这个角度来看，新鲜、有趣的门店更有优势，也符合年轻人的喜好。

公司应该创造更丰富的销售场景，调动消费者五感，使消费者沉浸到销售场景中，从而实现高效转化。以往公司通过线下门店或线上电商等渠道销售，销售场景单一，白白错失了很多与消费者互动的机会。在新零售时代，大数据所构建的消费者画像更完整，由此诞生了很多新销售场景，包括内容电商、直播等，让消费者实现了在场景中随心互动、随心购买。

公司需要围绕消费者进行洞察与创新，充分理解"人""货""场"的重构。只有这样，公司才可以更好地触达消费者、完善产品体系、升级消费场景，从而安心地接受新零售时代赋予自己的一切精彩和美好。

第 14 章

技术转型：以数字化战略推动增长

在数字经济日新月异的时代，技术转型逐渐成为公司变革与发展的核心驱动力。为了在激烈的市场竞争中立于不败之地，公司必须快速布局以技术为核心的转型战略，通过中台建设实现资源和能力的共享，为公司的经营和管理赋能。这不仅是数字时代公司发展的必经之路，还是公司持续创新与增长的关键。

14.1 数字经济时代已经到来

数字经济依托于数字技术的快速发展，已经成为全球经济发展的主要形态。它涵盖了数字化交易、数字化生产、数字化服务、数字化管理等方面，核心特点是便捷、高效、创新和智能。在数字经济迅猛发展的过程中，人工智能、大数据、云计算等技术起到了至关重要的支撑作用。

数字经济打破了传统的产业界限，促进了不同产业间的深度融合。在全球数字经济蓬勃发展的背景下，公司面临着前所未有的新机遇，获得了更广阔的发展空间。

在数字经济时代，公司不仅可以借助技术将自己的产品和服务推向全球，还可以通过数字化手段快速了解全球市场趋势、消费者需求等信息，从而快速调整自己的经营战略和产品战略，占领更多市场份额。

大数据技术的应用为公司提供了强大的数据获取和挖掘能力，使公司能够深入洞察市场和客户，精准把握市场动态与趋势，进而提升竞争力。通过数据分析，公司能制定更为精确的营销策略，实现高效、精准的营销。

此外，数字经济时代的平台经济模式为公司创新和升级提供了新途径。借助社交平台、社群等渠道，公司能与消费者进行高效互动，更便捷地收集市场反馈，推动产品快速迭代，实现快速增长。

数字经济为公司带来了更广阔的市场和更多的发展机会，使公司能挖掘更多有价值的商机，提升整体竞争力。因此，公司应积极探索数字经济，运用数字化手段开拓新市场，抓住更多市场机遇，实现增长。

14.2　四大核心板块赋能数字化运作

随着技术不断进步，公司对数字化运作的要求越来越高。数字化运作是一个系统、完善的过程，其背后离不开四大核心板块（见图14-1）的支撑。

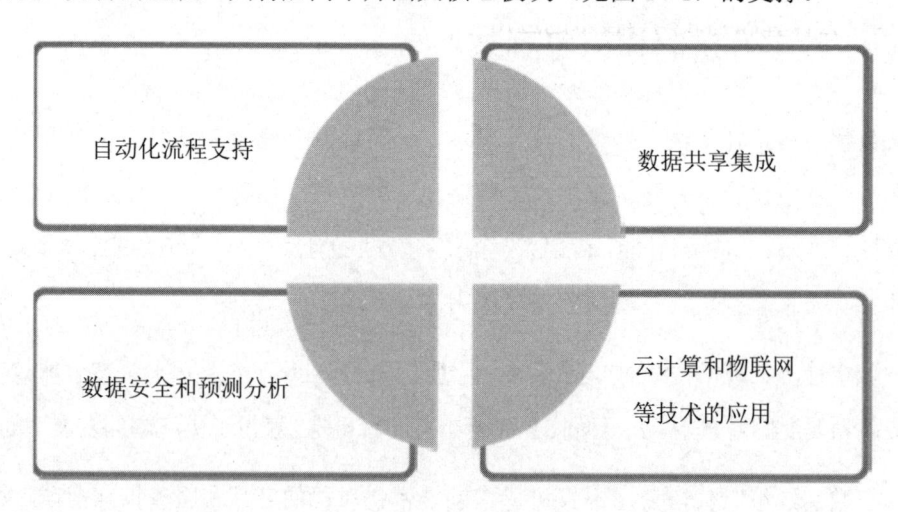

图 14-1　数字化运作的四大核心板块

1. 自动化流程支持

数字化运作强调业务的快速与精准处理，以提升生产、销售和管理的效率。在数字化运作过程中，自动化流程支持起着至关重要的作用。通过自动化流程，如电子签名、自动填单、流程引擎等，公司可以减少人力介入，优化流程，并提高数据处理效率。

2. 数据共享集成

随着公司信息化程度的提高，各部门之间的交流和沟通越来越频繁，要求做到数据及时、准确和全面共享。数据共享集成可以实现公司内部信息共享、互通，并能将不同业务系统的数据集成，方便查询、分析，为制定决策提供依据。

3. 数据安全和预测分析

随着技术的广泛应用，公司的数据存储量和价值均获得了快速增长。为确保这些数据的安全与有效管理，数据安全成为数字化运作不可或缺的条件。同时，公司还要深入挖掘数据的价值，通过数据分析预测客户需求和市场趋势，从而提升市场竞争力。

4. 云计算和物联网等技术的应用

云计算和物联网等技术的发展为数字化运作带来了更多可能性。公司利用云计算技术不仅能降低IT成本，还能实现大规模的数据存储和分析。而物联网技术有助于设备之间互联互通，通过数据分析可进一步提高生产线效率和产品品质。

为了更好地适应数字化浪潮，公司必须充分运用数据和技术。只有充分挖掘数据和技术的价值，公司才能顺利实施数字化战略，持续推动业务创新与增长。

14.3 技术转型之"转"战略

对公司来说，数字化转型是一项全面、系统的工程，需要全面打通公司的系统和流程，实现整体优化。因此，数字化转型的首要任务是进行战略变革，为后续工作指明方向。下面以 A 公司为例，详细阐述数字化转型中的战略转型。

A 公司早期凭借市场的快速扩张，一度成为行业内的佼佼者。其经营战略是主打线下高端实体经营，深受客户认可和喜爱。然而，随着时代的发展，客户的消费需求和行为发生了巨大变化，线下经营模式逐渐失去竞争力。由于 A 公司早期的业态定位较为单一，因此其线下经营利润微薄，业绩连年下降。

A 公司逐渐意识到，在互联网时代，市场竞争异常激烈，稍有不慎便可能被淘汰。因消费群体和市场需求发生变化，传统的线下经营模式已无法适应当前的发展潮流。挑战与机遇并存，互联网的发展与科技的进步为 A 公司带来了新的可能——线上与线下结合的经营模式。于是，A 公司开始积极寻求新的发展路径，希望通过调整单一的业态定位，转变经营模式，实施以线上经营为主、线下经营为辅的战略，为客户提供独特的消费体验。

为了实现战略转型，A 公司与某互联网公司合作开发了一款数字化平台。该数字化平台运用大数据技术整合了 A 公司线下实体门店的数据，进一步优化了 A 公司原有的产品供应链，打造了"人、货、场"数字化、一体化的线上经营模式。

此外，该数字化平台运用技术为 A 公司赋能，提升其服务能力和运营能力。A 公司顺势推出了新产品，通过 AR、VR（Virtual Reality，虚拟现实）、3D 等技术为客户提供数字化交互体验。线上数字化平台与线下产品试用相结合，为客户提供线上线下一体化的服务体验。

A 公司的战略转型取得了成功。客户既可以在数字化平台上选择产品并直接下单，也可以先在线下试用产品再在线上下单购买。依托"线上+线下"一体化的经营战略，A 公司的销售额持续增长，其中一款主推产品的销售额增长了 200%。

截至 2024 年 1 月，A 公司的"线上+线下"一体化经营战略已拓展到多种场景。众多品牌与 A 公司展开合作，将自家产品发布在 A 公司的数字化平台上。此外，三四线城市的客户也能够通过 A 公司的数字化平台购买到线下不常见的产品。

综上所述，A 公司打造数字化平台的目的是开拓更广阔的市场，并助力更多品牌进入三四线城市，实现互利共赢。在互联网时代，公司必须与时俱进。数字化时代的战略转型是一场"人、货、场"全面升级的数字化变革，不是简单的战略调整。

14.4 技术转型之"转"生产

生产变革在数字化转型中扮演着关键角色。随着技术的持续发展和市场需求的多样化，传统生产方式面临巨大挑战。为了应对市场竞争，公司必须寻求低成本且能快速响应市场的生产方式。还以 A 公司为例，它在数字化转型过程中曾因市场冲击而陷入生产困境。

客户对产品的需求越来越趋向于非同质化、个性化，而 A 公司的生产线相对传统，尽管产品质量上乘，但是与市场上的竞品相比并无显著优势。此外，缺乏信息共享机制，生产各环节的数据传输不畅，公司内部供销数据无法同步，也会造成产品供需脱节。同时，由于 A 公司对定制产品的快速响应能力不强，其成本居高不下。

面对瞬息万变的市场和日益年轻化的客户群体，A 公司需要借助互联网和大数据的力量对产品生产方式进行迭代，实现大规模定制化柔性生产。面对行业需求升级和竞争格局的变化，A 公司将单纯的生产管理转变为与渠道对接、贴近市场的柔性管理。

打造"柔性供应链"成为 A 公司在数字化转型大背景下找到的新出路。在产品迭代速度加快的当下，小批量生产、测试市场反应并根据消费者反馈优化产品成为 A 公司降本增效的有效措施。然而，小批量试销需要整个产业链协同配合，这对公司的组织能力提出了更高的要求。

A 公司积极整合产业链资源，实现资源、经验、能力和利益共享。随着消费结构不断升级，A 公司持续优化产品，使品牌更加时尚化、年轻化，增强客户黏性，减少客户流失。此外，在打造"柔性供应链"的同时，A公司严格筛选产品原料，升级产品包装，全面提升产品质量，满足客户个性化需求。其中一款产品自上市以来已历经3次全面升级，紧密贴合客户需求，销售量十分可观。

数字化生产方式可以系统性地打通原料溯源、产业链协同、渠道营销等环节的信息壁垒，降低生产成本。同时，"柔性生产链"能够使产品库存量最小化，降低公司风险，提升产品的市场竞争力。生产方式的转变为公司的数字化转型奠定了坚实的基础。

14.5 技术转型之"转"业务

在快速发展的数字化时代，业务流程已经成为决定公司市场地位的关键因素。随着技术不断更新，公司要紧跟时代步伐，利用技术手段优化和升级业务流程，以适应市场的快速发展。

然而，业务转型失败往往有多种原因，如高层决策失误、计划不合理等。在传统模式下，公司往往会在失败后进行反思和溯源，但这种方式已经无法跟上当今市场快速发展的步伐。公司需要更快地实现业务转型，以保持市场竞争力，避免被客户遗忘。

随着大数据和互联网的迅猛发展，客户的行为和需求也在不断变化。公司要不断地适应变化，并且业务转型的速度要与客户的需求、期望的变化保持同步。此外，公司需要有强大的抗风险能力，能够在失败后快速吸取教训，重整旗鼓。

A公司在战略和生产方面实施了一系列数字化转型措施，一度成为行业内的领先者。然而，随着行业的快速发展，其他竞争对手也纷纷在战略和生产方面进行数字化转型，导致A公司的业绩增长速度放缓。

为了推动业务转型、破解业绩增长瓶颈，A公司深入分析业务流程方面存在的问题，发现其原有的客户数据分析方法已经过时，需要采用更先进的技术来应对客户需求的变化。

A 公司引入了 ABCD（Artificial Intelligence，人工智能；Block Chain，区块链；Cloud Computing，云计算；Big Data，大数据）等新技术来升级其数字化平台。这些新技术提供了更精准的客户数据标签化方法，使公司能够更快感知客户需求的变化。然而，仅仅升级数字化平台还不够，公司还要确保业务流程与之高度契合。

A 公司重点培养了一批熟练使用数字化平台的员工，并对相关岗位进行了调整，以确保业务流程与升级后的数字化平台更加契合。通过这种方式，业务流程得以精简，员工可以更快地掌握客户画像并进行深度分析，从而更好地开展业务、满足客户需求。

为了更好地服务客户，为客户提供更加个性化的体验，A 公司选择与某互联网公司的云平台进行深度合作。利用某互联网公司云平台的开放技术和生态建设能力，A 公司的数字化平台得以持续优化和升级，并获得了源源不断的发展动力，数字化转型步伐不断加快。

14.6　技术转型之"转"服务

在数字化时代，公司之间的竞争已经从产品质量延伸至更广泛的服务领域。那些能够为客户提供全面、专业服务的公司，往往能在市场竞争中占得先机。客户是公司服务的对象，公司不仅要确保客户了解产品，还要让客户从心底认可公司，体验到与众不同的服务，以满足其内在需求。

在产品同质化严重、客户需求多变、市场竞争激烈的背景下，公司必须创新，并通过新的方式来吸引客户。这不仅要维护现有客户，还必须吸引更多新客户。优质的服务不仅能激发客户的复购意愿，还能为公司提供转型的机会，促使公司重新思考如何为客户创造更大的价值。服务的转型意味着公司的盈利模式要从短线向长线转变，使客户愿意多次购买。因此，公司要为客户提供贯穿整个产品生命周期的长期服务。

　　A 公司在进行数字化转型过程中逐渐意识到，自己与客户应是双向互动的关系，而非仅通过客户画像和标签进行单向的产品内容输出。虽然例行公事效率高，但是缺少人情味，不利于提高客户的购买体验。

　　A 公司原有的数字化平台配备了人工客服，他们通过平台与客户进行语音或文字沟通，效率低下且不够便捷。因此，A 公司决定对客服中心进行数字化转型，开通微信公众平台客服等线上服务渠道，并引入虚拟客服。这一措施取得了一定效果，但并未达到预期目标，原因在于客户服务对人工客服数量和质量的要求比较高。人工客服在前期需要经过大量培训才可上岗，且无法做到 24 小时全天候待命，客服工作又较为枯燥，因此员工流失率很高。而虚拟客服虽然可以 24 小时为客户提供服务，但是业务能力有限，无法满足客户灵活多变的需求。

　　为了解决这个问题，A 公司决定将普通的虚拟客服升级为人工智能客服。A 公司利用某互联网公司提供的先进技术对客服中心进行全面升级。针对客户比较关心的问题，A 公司利用 ASR（Automatic Speech Recognition，自动语音识别）和 NLP（Natural Language Processing，自然语言理解）等技术制订 AI 客服服务计划，通过语音问答、文字回复等方式为客户提供关于各种业务问题的答案。这样不仅降低了公司对人工客服的依赖，减少了成本，还为客户带来更新奇、更贴心的体验。根据 A 公司统计的数据，在客户服务系统中，客户使用人工智能自助服务的占比相当高。相较于人工客服，客户更青睐可以随时解决问题的人工智能客服。

　　A 公司的客服中心不仅利用人工智能的学习机制创建了多种交互场景，针对不同的产品设置了多种解答模式，还利用大数据库辅助人工客服为客户提供服务。对于客户提出的问题，数据库会自动给出答案，人工客服可以参考这一答案对客户问题进行回复。这样不仅提高了人工客服的服务效率，还规范了人工客服的服务用语。

基于人工智能技术的支持，A 公司实现了建设服务体系健全、功能完备的客服中心的目标，在数字化转型的道路上稳步前行。

14.7 技术转型之"转"组织

为了实现数字化转型，公司要先建立一个目标一致、易于管理的组织。传统公司的团队往往庞大且层级复杂，很容易出现各部门沟通不畅的情况。例如，客户周一反映的问题可能周五才能传递给售后部门，这不仅影响了公司的运营效率，还拉低了客户满意度。作为行业内数字化转型的典范，A 公司在完成战略、生产、业务等方面的数字化转型后，决心进行组织方面的数字化转型。

在进行组织方面的数字化转型之前，A 公司在产品生产与销售方面存在环节不公开、不透明的问题，导致部门之间存在信息壁垒。例如，研发部门不了解产品的具体销售情况，销售部门不知道生产部门的产品生产状况，这导致 A 公司的整个业务流程运作不畅。而且 A 公司体量庞大，拥有多家分公司和代理商，管理人员和部门员工众多，管理层的指令从下达到被执行的周期较长。

A 公司采用某互联网公司云平台旗下的低代码平台，开发了一套结合钉钉、微信等 App 的组织管理系统。通过构建智慧管理项目平台，将员工打卡、物料采购管理、物联网系统和日常办公等场景结合在一起，实现了组织管理的数字化转型及人员与生产过程精细化监控管理。

作为一家发展比较成熟的公司，A 公司需要高长型、标准化、集权化的组织架构。但同时需要让员工参与组织管理，为公司的发展提供源源不断的动力。

在采用新型智慧管理项目平台之后，A 公司外派的员工可以通过微信小程序或者钉钉进行实时实地打卡。通过定位和人脸识别功能，系统可以自动生成工作轨迹和日志，记录工作内容和结果，并自动上传。管理人员可以在后台实时监控外派员工的工作情况，通过日志和考勤记录评估员工的工作质量。

管理人员和员工可以在平台上创建部门群聊或跨部门群组，打破信息壁垒，确保信息快速、准确地传递给相关部门。此外，沟通渠道的直接性使员工感受到组织的信任，更愿意向上级反馈问题。

公司组织的数字化转型使公司的组织架构更加精简、稳定，可以确保公司在互联网时代能够稳健运营。

14.8 技术转型之"转"文化

文化处于公司"金字塔"的顶端，是一个团队在工作中形成的不成文的理念和处事方式。它不仅在一定程度上决定了公司的战略方向，还为员工的行动提供了准则，有助于公司实现总体目标。因此，对公司来说，若要进行数字化转型，文化方面的转型是不可或缺的一环。

数字化文化有助于公司更好地吸引人才、推动创新。相关研究报告显示，60%的公司对其文化没有进行任何转型，导致公司的 IT 和业务难以实现一致性。而在只在生产、业务等方面进行数字化转型的公司中，只有 17%的公司的业绩有所提高。然而，在对文化进行数字化转型的公司中，90%的公司的业绩实现突破。

A 公司的管理层深知，若想成为互联网时代的数字化公司，首先必须拥有开放、包容、以人为导向的文化。A 公司与某互联网公司携手打造数字化平台、研发数字化技术，这不仅是为了利用新方式占领市场、获取更高的利润，还是为了建立一套全新的文化价值理念，从根源上实现数字化转型。

为了实现这一目标，A 公司下放了管理层的部分权力，减少对员工的控制，并鼓励员工与客户进行友好互动。此外，A 公司秉持大胆与谨慎并存的文化理念，致力于培养专注于行动而非过分关注计划的员工。同时，A 公司努力营造协作、互助的工作氛围，通过团建、部门合作等形式，培养员工团结合作的精神。

在数字化转型的过程中，A 公司结合互联网公司先进的文化理念，打造开放、个性化的文化氛围，摆脱千篇一律的"经济人"理念，构建轻松的公司生态环境。文化的作用在于对员工产生凝聚、约束、激励和辐射作用，最终目标是优化公司的管理经营战略。因此，文化建设必须围绕实现数字化转型这一目标进行。

14.9 中台战略：实现资源与能力共享

在数字化转型的浪潮中，中台已成为众多公司的必然选择。制定中台战略作为数字化转型过程中的关键环节，旨在为数字化转型提供坚实的支撑。公司制定中台战略应遵循 4 个核心原则，如图 14-2 所示。

- 整合现有资源
- 共享数据
- 可移植性
- 可扩展性

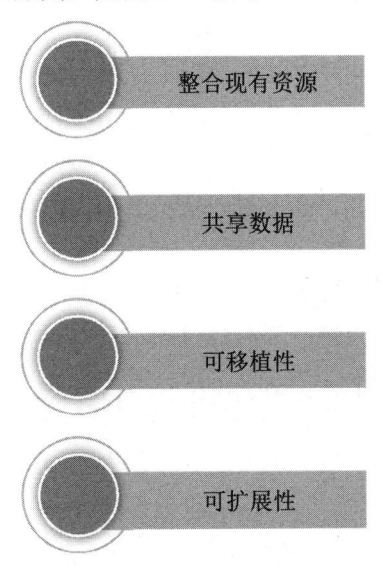

图 14-2　4 个核心原则

1. 整合现有资源

在数字化转型之初，公司已积累了大量数据和系统。中台战略的首要任务是整合现有资源，进行细致的分析与评估，识别出具有重要价值的资源，在构建中台的过程中合理利用资源。这不仅能提高构建中台的效率，还能降低成本。

2. 共享数据

当公司内部各个部门使用不同的系统时,数据难以自由流通,可能导致数据冗余、不准确。中台战略可以实现数据的统一存储,并允许多个部门通过 API 和其他数据通信方式访问和共享数据。共享数据可以提高工作效率,使内部协作更灵活、敏捷。

3. 可移植性

中台作为公司的一项长期投资,必须具备一定的可移植性。这意味着中台应能在不同的平台和环境中运行,并采用标准技术和开放协议,以便未来能够轻松地进行升级和迁移。

4. 可扩展性

在数字化转型过程中,公司需要快速适应不断变化的市场需求和技术趋势。因此,中台必须具备高度的可扩展性,这包括增加硬件、增加存储容量、提升计算能力等。

制定中台战略是一个系统且复杂的过程。只有遵循上述原则,公司才能够确保中台战略在数字化转型中发挥最大价值。

以平安银行为例,为了更好地适应客户行为的线上化趋势,平安银行致力于构建完善的数字中台,加速数字化转型进程。

(1) 系统重构。

系统重构是平安银行中台建设的第一步。平安银行首先对核心系统进行改造与重构,确保金融系统自主可控并稳定运行。

(2) 建设技术中台和数据中台。

建设技术中台和数据中台是平安银行中台建设的第二步。平安银行通过技术中台为线上金融业务提供核心技术支撑,分别建设了数据中台和零售大数据平台,以打造敏捷的金融系统技术开发模式，进而提升金融服务交互体验。

（3）建设业务中台。

平安银行依托智能化体系改造业务，并通过零售AIBank项目打造了10余种大业务中台能力，以支撑上百种前台业务场景。为了优化业务流程，平安银行实现了业务流程可自定义、高内聚、低耦合，业务逻辑可配置化、参数化等，以确保线上业务可以快速验收。

（4）建设开放银行。

平安银行搭建开放银行平台体系，积极与外部金融机构或金融服务系统进行深度合作与对接。

通过这一系列的中台建设措施，平安银行成功实现了业务办理的线上化，创造了更多价值和利益。这充分证明了中台战略在公司数字化转型中的关键作用和巨大价值。

第15章

扩张裂变：增长必须是可持续的

几乎每家公司的核心追求都是实现利润可持续增长，并努力成为业界的"独角兽"。然而，要实现这一目标，公司除了拥有强大的实力，还必须制定并实施有针对性的扩张战略。与此同时，公司也不能忽视"天时地利人和"。在恰当的时机实施裂变方案，不断拓展商业版图，对于公司的长远发展同样至关重要。

15.1 扩张的前提是方向正确

任何一家公司的扩张之路都充满了挑战与风险，错误的决策可能导致公司陷入困境。因此，明确扩张的方向，并在此基础上制定相应的策略，警惕并有效规避风险，是实现扩张目标的关键。

由于市场调查不充分，因此许多公司在扩张过程中迷失了方向，从而面临一系列问题，如市场定位不清晰、投资回报预测不准确等。信息不全面就像悬在公司头顶的一把剑，随时可能给公司带来致命的打击。

因此，公司追求利润快速增长的同时，不仅要有冒险的勇气，还要具备理性

第 15 章 扩张裂变：增长必须是可持续的

思考的能力。公司必须进行全面规划，对潜在风险保持警惕，做到未雨绸缪，以确保扩张顺利进行。如何明确扩张方向呢？一般来说，公司应该做到以下几点，如图 15-1 所示。

- 根据基础条件控制扩张的规模和速度
- 提高创业者素质
- 完善基础管理工作

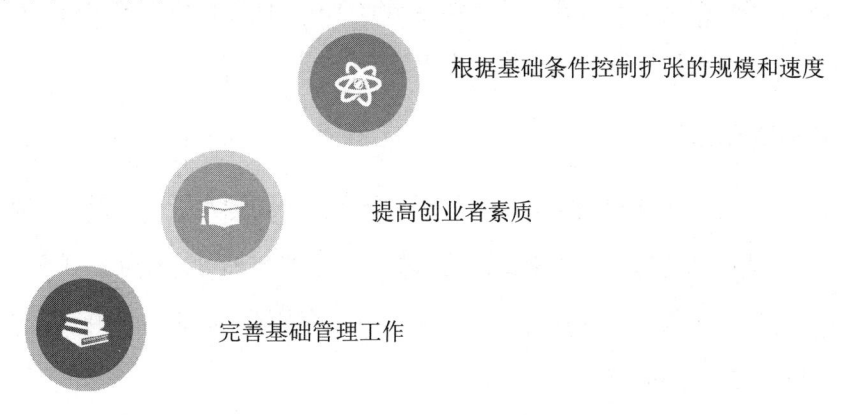

图 15-1　如何明确扩张方向

1. 根据基础条件控制扩张的规模和速度

在扩张过程中，公司应基于自身的发展基础和条件，审慎地控制扩张的规模和速度。这是因为扩张的规模和速度会受到公司现有的组织资源和管理能力的影响。组织资源包括完善的组织、管理制度、组织架构、资金、设备、人才、技术、无形资产等，直接关系到扩张战略的实施效果。如果资源与扩张战略不匹配，就会导致公司在扩张后出现更多问题，如资源利用不足、管理混乱等。

公司的管理能力主要体现在开发后续产品和识别潜在市场机会上。当公司能够及时、准确地识别并抓住市场机会，并采取科学、合理的战略时，便有可能进入稳定扩张阶段。反之，如果公司不具备这方面的能力，盲目跟随市场热点进行不合理的扩张，就会过度消耗资源，甚至扩张失败。

2. 提高创业者素质

创业者的素质和领导能力是决定公司兴衰的关键因素。在当前业务范围相对集中的环境下，创业者对经营、管理的影响更为显著。因此，提升创业者的个人素质对公司的稳定发展至关重要。

创业者需要具备开放的思维、自我扬弃的智慧，在领导过程中不断地加强自我学习和培训。同时，创业者还要具备高瞻远瞩的视野，能够抵御商业诱惑，保持良好心态，从公司可持续发展的角度稳步推进扩张。

3．完善基础管理工作

基础管理工作对公司的稳健发展至关重要。优秀的公司通常拥有先进的管理体系和完善的管理制度。然而，当前我国公司的管理水平普遍有待提高，许多公司过于依赖创业者的个人经验，缺乏科学理论和方法的支撑。如果这种情况长期持续下去，公司未来的发展就会陷入瓶颈。

因此，创业者应重视基础管理工作，不断地学习优秀、先进的管理经验，积极创新和变革。在科学理论的指导下，公司更容易实现信息化、现代化和制度化管理。

扩张的实质是不断积累成长的动能、提升公司的竞争力。公司在扩张过程中应保持稳健的步伐，不能仅为了追求规模而盲目扩张。明确公司的扩张方向，制定合理的扩张战略，持续、稳定地发展，从小到大逐步壮大更有利于公司顺利实现扩张目标。

通过综合考虑自身的基础条件、资源、管理能力及市场环境等因素，公司在扩张过程中能够更好地控制风险，提高成功率，实现可持续的发展壮大。

15.2 增长关键点：基于品牌进行延伸

为了实现长远的发展，公司必须不断地研发新产品。通过观察市场上获得成功的公司，我们发现几乎每家公司都拥有不止一款产品。在推出一款产品后，公司应当考虑如何延伸其价值，开发更多衍生品或新产品，从而提升品牌价值。品牌延伸主要具有以下 4 个优势。

1．让客户快速接受新产品

由主打产品衍生出来的新产品，能够借助主打产品的影响力提升自己的市场地位。主打产品的影响力将客户对主打产品的好感延伸到新产品上，有效降低了客户对新产品的不信任感，从而使新产品在短时间内得到市场认可。以娃哈哈推出的纯净水为例，这一产品之所以迅速被市场接受，是因为娃哈哈作为饮料行业的知名品牌，其纯净水产品并未超出客户的既有认知范围。

2．丰富品牌内涵

品牌延伸能够为品牌注入新鲜活力，让客户感受到品牌的创新精神。例如，海尔的产品线从冰箱扩展到洗衣机、电视机、空调等领域，展现了其持续创新的品牌形象。这不仅强化了海尔的品牌价值，还丰富了品牌内涵。

3．激发和满足客户的需求

品牌延伸能使产品更加多元化，从而为客户提供更多选择。从某种意义上说，品牌延伸是对市场的细分。公司的产品品类越齐全，客户的选择空间越大，潜在需求就越有可能被激发，需求得到满足的可能性就越高。

例如，安可（ANKER）围绕充电品类推出了多元化产品，如移动电源、充电器、数据线、蓝牙外设等，以更好地满足消费者的多元化需求。安克一直致力于充电品类产品的探索和研发，不断地向消费者推出极具科技感和市场竞争力的产品。

4．降低推广成本

品牌延伸能够降低新产品的市场推广成本，因为老客户对主打产品有一定的信任，所以他们更容易接受新产品。这不仅节省了新产品的推广费用，还提高了新产品的市场接受度。例如，蒙牛推出高端品牌特仑苏等子品牌，以及美的推出高科技适老化品牌美颐享等，它们都很容易得到客户的认可和接受，这无疑节省了公司大量的营销成本。

品牌延伸如此重要,公司应该怎么做呢?品牌延伸应遵循两个原则,如图15-2所示。

选择竞争者尚未精准定位的领域

用其他名字进行定位

图 15-2　品牌延伸应遵循两个原则

1. 选择竞争者尚未精准定位的领域

品牌延伸的第一个原则是选择那些竞争者尚未进行精准定位的领域。例如,通用公司旗下有电气、汽车、计算机等品类的产品,这些领域的竞争者尚未形成精准的行业定位。因此,客户不会将某一品类的产品与特定的公司紧密联系起来,从而不会形成强烈的品牌印象。同理,苹果公司的 iPod、iPhone 和 iPad 等产品之所以能够取得巨大成功,是因为它们上市时所涉及的领域尚未有竞争者进行精准定位。

2. 用其他名字进行定位

品牌延伸的第二个原则是使用其他名字进行定位,以便与原有产品形成明确区分。例如,华为的"荣耀"系列手机,就是通过更换名称来避免客户对原产品形成刻板印象,从而降低新产品销售和推广的难度。

对创业者来说,品牌延伸的关键在于认识到产品只是辅助,而认知才是决定品牌成功与否的关键因素。品牌在客户心中的定位决定了客户对品牌的认知,进而影响品牌延伸的成败。因此,创业者制定品牌延伸策略的时候,应深入了解目标市场和客户需求,以便在合适的领域进行精准定位,并采用适当的名称来强化品牌认知。

15.3 纵向扩张 vs 横向扩张

为了实现增长,许多公司都采取多元化扩张战略。该战略可以分为纵向扩张和横向扩张,旨在满足不同细分领域的差异化需求,从而扩大市场份额并吸引更多客户。

1. 多品类纵向扩张

纵向扩张指的是公司使用单一品牌,对同一产品线上的品类进行扩张,使其在功能上相互补充,满足同一消费群体的不同需求。例如,亚马逊最初是一家在线书店,随着时间的推移,该公司的产品逐渐扩展到其他品类,如电子产品、服装、家居用品等。亚马逊还通过收购和兼并进一步扩大了业务范围,例如,收购高端食品连锁店 Whole Foods Market 和游戏直播平台 Twitch。

通过多品类纵向扩张,亚马逊成功地从一家在线书店发展成为全球最大的电子商务平台之一,涵盖了多个领域。这种扩张战略有助于亚马逊吸引更多的消费者,提高客户忠诚度。

安踏也致力于在运动品类上进行扩张,发布了以"实力无价"为主题的篮球战略,并成为 NBA 中国官方市场合作伙伴及产品授权商,大幅提升了自己的知名度,进一步提升了自己的形象。同时,安踏还与凯文·加内特等 NBA 球星签约,不断强化自己在篮球装备领域的专业属性,提升美誉度和影响力。

安踏还发布了"run with me"跑步方案,支持极限马拉松运动员陈盆滨完成"连续 100 天跑 100 个马拉松"的挑战。安踏还与国家足球队队长郑智签约,与恒大足球学校合作,发布以"只管去踢"为主题的足球战略,全力推动青少年足球进步。

从篮球、马拉松到足球，安踏巩固了自己在运动市场上的地位。目前，安踏仍在不断地完善战略，从多个领域入手并全面发力，推出专业的运动鞋和衣服，不断地提升消费者对自身品牌的认可度。

2. 多品牌横向扩张

除了纵向扩张战略，多品牌横向扩张战略也非常受欢迎。以顾家家居为例，顾家家居定位于家居市场，致力于为消费者提供专业、高质量的家居用品。经过40多年的发展，顾家家居打造了强大的商业版图，旗下有德国高端品牌"ROLF BENZ"、新中式品牌"东方荟"、轻时尚品牌"天禧派"，同时它与美国功能沙发品牌"LAZBOY"、意大利高端品牌"NATUZZI"进行深度合作，实现了实力与收益的双增长。

知名奢侈品品牌 Prada 凭借设计时尚、质量上乘的服装及配套产品赢得了消费者的喜爱，并在奢侈品界积累了很高的声誉。为了实现扩张，Prada 自创了更年轻、更能体现可爱、青春、活力的副线品牌——Miu Miu，Miu Miu 门店实景如图15-3 所示。

图 15-3　Miu Miu 门店实景

Miu Miu 的定位是率性，虽然它的定位与 Prada 的设计理念相似，但是两者的表达方式有很大区别。相较于 Prada 的知性和成熟，Miu Miu 注重精致的同时又不乏趣味、轻灵、简约。此外，Miu Miu 致力于淋漓尽致地展现年轻女性的气质，因此深受消费者的喜爱。

多元化扩张战略有助于提高公司的抗风险能力。通过为不同品类设置不同的品牌，每个品牌之间保持相对独立，从而避免个别品牌的失败对其他品牌的发展和公司的整体形象造成影响。然而，多元化扩张战略对公司的实力、管理能力的要求很高，且对市场规模的要求也很高。因此，公司在采取多元化扩张战略之前，应充分考虑自身实际情况。

15.4　以规模化客户实现裂变升级

当公司具备了打造规模化客户的能力时，公司裂变升级的可能性将增大，从而实现更进一步的增长。要获得这种能力，公司需要从多个方面着手。

1．抓住市场中的"空白"部分

在扩张之前，公司需要深入分析当前市场中的空白领域。这项工作高度依赖创业者的市场洞察力，需要通过大数据精准预测市场发展趋势。一旦找到了市场的空白部分并明确了客户的共性需求，公司不仅能够开发出更多的传播途径，还可以发现新的增长点。

例如，网易云音乐根据音乐爱好者的需求预测出电音内容的发展趋势。当时，国内大多数音乐平台主要关注民谣、摇滚等，几乎未涉及电音。于是，网易云音乐迅速进入这个空白市场，专注于电音内容的制作，成功吸引了大量粉丝。

2．关注社交的重要性

想要创造规模化客户，公司就要重视社交媒体的价值，将社交媒体作为关键的推广渠道。首先，公司要将客户分层。分层不是基于客户的喜好，而是基于年龄、地域、性别等天然存在且难以更改的因素。其次，公司要通过大数据分析为客户推荐个性化内容，进一步激发客户的归属感，引起客户共鸣。最后，公司要制造话题，对话题的颗粒度进行细化，从而达到裂变的目的。

3. 提升客户的参与感

在复杂多变的市场环境中，客户的参与感显得尤为重要。参与感不仅能增强客户对产品的感知控制，还能提升他们的心理价值。以小米为例，其定位是"走群众路线"，致力于将客户的参与感提升到极致。

小米公司开发 MIUI 操作系统的时候，小米创始人雷军通过论坛找到 100 位忠实"发烧友"，他们不仅亲自参与 MIUI 的设计和研发，还拥有独特的称谓——100 个梦想的赞助商。

此外，雷军和小米的工程师每天都会在微博上回复客户评论，如图 15-4 所示，每个回复都设有状态标签以显示对客户意见的重视。这种高参与度的客户体验极大地提升了客户的忠诚度和满意度。

图 15-4　雷军回复微博上的评论

当遇到客户投诉时，小米客服会用心处理，并为客户提供一些贴心的小礼物，如钢化膜、手机配件等，以表达歉意。此外，小米还赋予客户一项特别的权利，即通过加入"荣誉开发组"提前试用尚未正式发布的产品。这种做法不仅让客户感受到被重视和被认可，还激发了他们的满足感和荣誉感。同时，通过提前试用产品，客户能够为产品的改进提供宝贵的意见和建议，进一步提升了他们的参与感和积极性。

4. 在客户之间形成价值认同

随着消费观念的转变，客户对产品的需求已从物质层面转向精神层面。因此，公司必须在客户之间塑造价值认同。星巴克如何在激烈的市场竞争中保持领先地位并实现盈利增长？答案就是客户对它产生价值认同。

星巴克的董事长舒尔茨曾说："星巴克卖的不是咖啡，而是服务和体验。"这句话揭示了星巴克从一家普通咖啡店蜕变为文化象征的重要原因。在这个快节奏的时代，人们渴望有一个非正式的社交场所，一个能够暂时放下工作和家庭压力、放松心情交谈的地方。

从店面布局设计到消费引导，再到杯型命名，星巴克始终围绕"社交"这一核心概念，致力于营造一种"我存在"的氛围。虽然星巴克的咖啡可能没有特别高的价值，但是它代表的精致生活方式和都市中上阶层的象征意义赋予了它独特的价值。

价值认同的最高境界是能够唤起客户的支持，甚至热衷的价值观和信仰，并贯穿于发展战略制定、品牌定位、内容建设、宣传推广等多个环节。

对公司来说，客户是创造价值和收益的核心。可以说，一家公司价值的大小并不取决于其市场关注度的高低或影响力的大小，而在于能吸引多少客户。这是因为客户既是公司生存和发展的基石，也是公司实现增长的关键"武器"。

15.5　增长借势之"巨人肩上"战略

面对激烈的市场竞争，一家发展速度缓慢的公司如何在短时间内迎头赶上，甚至成功上市呢？拼多多为我们提供了一个值得借鉴的答案。

2015年9月，拼多多成立；2018年7月，拼多多在上海和纽约两地同时敲钟，以股票代码"PDD"在纳斯达克上市；2018年9月，拼多多创始人黄峥的身价达到155亿美元，超过雷军；2023年，在胡润百富榜中，黄峥以2700亿元首次进入前三名。

在短短几年时间内，拼多多从零创业到成功上市，展现了惊人的增长速度。那么，拼多多是如何在短时间内汇聚上亿个用户和百万个卖家、实现数千亿元的产品交易规模和数百亿美元的资本估值，成为与阿里巴巴、腾讯、百度、京东、网易等互联网巨头并驾齐驱的公司呢？

除了拼多多创始人黄峥具备企业家的优秀特质，具有低调、谦逊、自律、本分与淡泊名利的境界，拼多多的成功还归功于黄峥采取的独特的"巨人肩上"战略。

1. "巨人肩上"获得资本

拼多多的成功离不开资本的助力。其中，腾讯是拼多多的重要投资者。早在2016年，腾讯就参与了拼多多1.1亿美元的B轮融资。2018年，腾讯参与了拼多多30亿美元的C轮融资。可以说，腾讯不仅为拼多多提供了巨大的资本支持，也为拼多多带来了巨大的流量。

拼多多发展初期的资金来源于网易的创始人丁磊。丁磊不仅为黄峥提供发展所需的资金，还为黄峥引荐了重要的投资人段永平。

此外，拼多多还与其他对电商业务有巨大帮助的投资人建立了合作关系。例如，顺丰创始人王卫在拼多多的A轮融资中投资了上百万美元，并为拼多多提供

第 15 章　扩张裂变：增长必须是可持续的

了电商物流方面的支持。另一位电商经验丰富的投资人"淘宝之父"孙彤宇也为拼多多提供了资金和宝贵的电商经验。

此外，还有许多强大的投资机构支持拼多多和黄峥。例如，高瓴资本的张震在短短 15 分钟内就决定对拼多多进行巨额投资。这些"巨人"的支持为拼多多的快速发展提供了宝贵的资金、资源、人际关系等方面的支持，使其能够如"火箭"一般快速上市。

2．"巨人肩上"获得流量

在电商市场竞争激烈的背景下，拼多多作为后来者，能在短短不到 3 年的时间里快速扩展市场，颠覆电商行业的格局，其背后的原因值得探究。而其中关键的一点，便是拼多多巧妙地站在了合适的"巨人肩上"，这个"巨人"就是腾讯。

拼多多的发展模式融合了社交与拼团两大要素，而这两大要素的完美结合，得益于腾讯的鼎力支持。微信为拼多多提供了便捷的流量入口和庞大的用户基础，使其能够迅速积累初始流量。同时，通过微信支付，拼多多轻松解决了支付问题，为用户提供了顺畅的购物体验。

正是借助腾讯的流量和技术支持，拼多多迅速吸引了大量网购用户。通过创新的拼团模式和砍价活动，拼多多成功激发了消费者的分享热情，促使他们将商品分享至微信群和朋友圈，进而带来更多的用户和交易。这种模式不仅增强了用户黏性，还提高了交易频率，使拼多多在短时间内建立了庞大的生态圈。

总的来说，拼多多之所以能够实现快速增长，关键在于它巧妙地站在了腾讯这个"巨人"的"肩上"。借助腾讯的流量基础和技术支持，结合自身独特的商业模式，拼多多在电商市场中崭露头角，取得了令人瞩目的成就。

3．"巨人肩上"创新商业模式

黄峥曾在写给公司股东的信中表示，拼多多建立并推广了全新的购物理念和体验——拼。拼多多做的永远是匹配，将好的东西以优惠的价格匹配给适合的人。

"拼"正是拼多多对商业模式的创新，而且这一创新也站在了"巨人肩上"。"拼"既是拼团也是拼价。这一模式的成功，既得益于拼团概念的普及，也得益于成熟的社交商业模式，特别是腾讯的微信社交平台。同时，拼价模式的成功则建立在成熟的电商模式基础上，包括顺丰的物流、相对完善的电商政策及我国强大的制造业。

事实上，黄峥的战略不仅仅是站在"巨人肩上"，还通过不断地创新，充分利用现有的成熟的商业模式。例如，他提出了打造"Facebook式电商"的理念，以实现商业模式的差异化和个性化；推崇今日头条的信息流模式，认为将其中的信息流转化为产品流就是拼多多的模式；致力于打造一个分众化的Costco，核心是"精选+低价"。

在拼多多的招股书中，黄峥提出了一个大胆的想法：拼多多将成为Costco和迪士尼的结合体。他解释说，这将是一个由分布式智能代理网络驱动的结合体，集高性价比产品和娱乐于一体。

黄峥通过"巨人肩上"的商业模式，不断强化拼多多的创新优势，使其能够迅速颠覆行业格局。他非常清楚，商业模式落地的"土壤"是消费者，并强调："平心而论，做拼多多这个东西一大半靠运气，不是靠一个团队单纯的努力与经验就能做出来的，这源于深层次的底层力量推动。我们是上面开花的人，你做什么就会有爆炸式的增长，这是大势推动的，单凭个人和一个小团队的力量是绝对做不到的。"

黄峥清楚地认识到，其核心目标群体是中小城市、县城、乡镇与农村的数亿人口，并创造性地采用"拼"这种有趣的互动方式吸引消费者拼团、拼价，让消费者购买到高性价比的产品。

通过分析拼多多上市成功并实现快速增长的原因，我们可以明白，拼多多的成功并非偶然。拼多多站在"巨人肩上"获得资金、流量及创新商业模式的战略，值得其他公司和陷入增长困境的创业者借鉴。

15.6　挖掘纵深据点，变身"独角兽"

"独角兽"这一概念最早由美国知名投资者 Aileen Lee 提出，特指成立不超过 10 年但估值超过 10 亿美元的未上市的创业公司。

随着时代的发展，独具特色、规模庞大的"独角兽"吸引了大量资本的关注，"独角兽"不仅引领了新生态、新经济和新资本市场的发展，快速超越老牌互联网公司，还成为衡量一个国家和地区经济活跃程度的重要指标。

以字节跳动为例，其发展历程充分展现了"独角兽"的实力和潜力。字节跳动成立于 2012 年 3 月，是最早将人工智能大规模应用于内容分发的科技公司之一。人工智能不仅是字节跳动的核心业务，更是其不断扩张的纵深节点。

早在 2015 年，字节跳动便确立了以人工智能为依托的全球扩张战略，不断开拓新的领域。为了进一步巩固这一战略，2016 年，字节跳动成立人工智能实验室，专注于人工智能相关领域的长期性和开放性研究，从而实现对未来发展的构想，进一步巩固自己努力建立的纵深据点。

此外，字节跳动还建立了一个"超级 App 工厂"，覆盖图文、视频、问答、图片等多个领域，打造了今日头条、抖音、西瓜视频等多个知名平台。

2022 年 7 月，字节跳动推出了实景化实时线上活动社区"派对岛"，为用户带来了全新的互动体验。如今，抖音作为字节跳动基于人工智能打造的短视频平台，已拥有上亿名注册用户；而基于数据挖掘技术的个性化推荐引擎平台今日头条，则开创了全新的新闻阅读模式，深受用户喜爱。

凭借纵深据点、多元化产品矩阵及技术驱动的全球化战略，字节跳动迅速崛起并成为全球最大的"独角兽"之一。字节跳动的业务已经覆盖 150 多个国家和地区，涉及 75 个语种。这一成就的背后，离不开字节跳动作为"独角兽"所坚持的差异化战略。

15.7 做扩张，盲目是大忌

在我国，公司扩张失败的案例屡见不鲜。德隆系[以新疆德隆（集团）有限公司为核心的一个庞大的集团]、格林柯尔系（由格林柯尔集团及其关联企业所构成的一个集团）的崩盘已成为业内的反面教材。扩张本身无可厚非，但若不顾自身条件，盲目追求扩张，甚至过度扩张，可能会给公司带来毁灭性的打击。

在公司决定是否增加品类、是否实施多元化战略的时候，会面临先做大还是先做强的问题。有些公司急于求成、盲目扩张，最终走向失败。三九企业集团就是一个典型的例子。

起初，三九企业集团只是一家资产不到 500 万元的公司。但在原董事长赵新先的领导下，三九企业集团的产品风靡全国，拥有 3 家上市公司和数百家直属公司，资产高达 200 多亿元。赵新先怀揣着打造中国的通用电气的雄心壮志，却在草率扩张的道路上摔了大跟头。

三九企业集团在短短 5 年内从一家制药公司迅速裂变为一个业务涉及商业、农业、酒业、媒体、房产、餐饮、汽车等领域的庞大集团，却因此欠下银行巨额贷款，遭遇巨大的财务危机。后来，三九企业集团被华润（集团）有限公司并购，成为其全资子公司，而赵新先则出任某药业公司顾问。

公司就像一个庞大的生态系统，采购、生产、销售、仓储、物流等环节构成了一个循环链。产品过多不仅会加大管理难度，还会浪费大量资源，甚至可能影响产品的质量和销售情况。因此，公司不能片面地认为扩张只会带来好处。

实践证明，在激烈的市场竞争中，不遵循规律、盲目扩张的公司通常难以抵御市场风险。一般来说，盲目扩张可能给公司带来 3 类风险，如图 15-5 所示。

第 15 章　扩张裂变：增长必须是可持续的

系统风险

资产分散风险

成本风险

图 15-5　盲目扩张可能给公司带来的 3 类风险

1．系统风险

扩张意味着公司需要涉足多个领域。不同的产品在生产工艺、技术开发、营销手段等方面各不相同，因此，公司实施扩张战略后，负责生产、技术、营销、管理等方面的人员需要熟悉新的工作领域和业务知识。此外，随着扩张战略的深入实施，公司内部原有的分工、协作、职责及利益平衡机制都将被打破。这无疑加大了管理难度，如果资源重新配置工作没有做好，公司的市场竞争力就很可能降低。

2．资源分散风险

公司的资源通常是有限的。随着产品品类的增加，生产经营单位会变得更加分散，相应的资源也会更加分散。这可能导致公司的主营业务和原有核心产品受到冲击，甚至可能导致公司被竞争对手超越。

3．成本风险

成本风险又称为代价风险，实施扩张战略是有成本的。如果公司为进入新市场而投入巨大成本，而新市场却产生负盈利，那么公司付出的代价不仅是新市场的亏损，还包括进入新市场的成本。一些创业者认为，"把鸡蛋放在不同的篮子里"

可以降低经营风险,但如果每个"篮子"都需要很大的成本,那么未必能降低经营风险。

因此,公司实施扩张战略的时候,必须结合自身的实际情况和市场发展趋势进行综合考虑,切忌盲目扩张。

第 16 章

生态化建设：打造商业同盟

在互联网时代，打造商业同盟是很多公司整合资源、提升竞争力的重要手段。通过与同行业或跨行业的佼佼者进行深度交流与合作，很多公司尤其是中小型公司能够打通产业链，谋求更多的发展机会，进一步扩大市场份额，在激烈的竞争中站稳脚跟。

16.1 商业同盟：你来我往，彼此成就

不少创业者认为，打造商业同盟就是自己从别人那里拿来资源这么简单。这种想法是错误的，商业同盟应该是互补的，且一定要先付出。记住，不愿意帮助其他公司的公司，通常也不会获得其他公司的帮助。那么，如何实现你来我往，相互成就呢？如图 16-1 所示。

1. 考虑自己对别人有什么价值

如果一个创业者待人冷漠，高高在上，既不信息共享，也没有情感沟通，也不相互帮助。但每当他遇到困难，就来找你，你愿意与这个人深交吗？很多人都是不愿意

的。同样，你不愿意与别人共享资源，别人也不会与你共享资源。

考虑自己对别人有什么价值

合作研发产品

合资

联合促销

图 16-1　如何实现你来我往，互相成就

如果我们希望获得别人的资源，就要利用好唯一的优势——手中的资源。只有先把自己手中的资源与别人共享，才能让别人的优势为自己所用。

你的+我的=大家的。先不管别人的资源有什么价值，我们自己的价值是什么呢？正所谓"栽好梧桐树，引来金凤凰"，自己有价值才是王道。

2. 合作研发产品

目前，大多数技术呈现分散化发展的趋势，没有公司能一直拥有生产某种产品的最新技术。为此，大多数公司都会通过借助外部资源，来实现内外资源的增长。研发新产品的过程非常复杂，从创意到问世需要花费公司大量的时间及费用，但又因为市场环境千变万化，导致新产品开发上市的成功率很低。

因此，很多公司会选择共同开发新产品，一是能利用共同资源，进行技术交流，共同攻克技术难题，减少人力资源闲置，分散高风险。二是公司可以利用新产品改造自己的现有产品，不断更新产品或创新卖点，从而提高市场竞争力。

3. 合资

通过合资经营，创业者能够将各自不同的资源汇聚在一起，大家共同经营、共担风险，各方的资源和能力能够形成互补态势，从而达到共同发展的目的。

4．联合促销

在资源共享的基础上，两家或多家公司向彼此开放营销资源，进行联合促销，通过优势互补，各取所需。联合促销的本质是利用外部资源实现公司促销效益最大化。联合促销可以消除或缓解销售压力，使参与公司以最低的费用获得更好的促销效果。

比较常见的联合促销手段是与其他行业联合促销，这是因为不同行业之间不存在直接竞争，而且能够实现优势互补。

久久丫是国内知名的熟食公司，在全国拥有600多家连锁店。在2006年德国世界杯开始前，久久丫一直苦于无法打开我国南方市场。后来，正逢德国世界杯举行，久久丫决定通过这个机会从球迷身上找到突破口。

一直以来，很多球迷都喜欢看足球时喝啤酒。久久丫认为如果能加上鸭脖，就更能满足球迷的需求。出于这样的设想，久久丫主动找到青岛啤酒股份有限公司（以下简称青岛啤酒），表明了联合促销的意向。

当时青岛啤酒冠名了中国中央电视台的世界杯栏目，久久丫希望能与青岛啤酒联手，在节约成本的前提下，加大品牌的市场推广力度，提升品牌知名度与美誉度。而对青岛啤酒来说，久久丫数百家分店所形成的庞大销售网络也是一个不小的诱惑。考虑到能够实现市场双赢，青岛啤酒选择与久久丫进行合作。

于是，青岛啤酒与久久丫陆续在上海、北京、广州等地召开联合新闻发布会，宣布开展世界杯联合营销活动，推出"久久丫鸭脖+青岛啤酒"组合产品。双方联合打出"看世界杯，喝青岛啤酒，啃久久丫"的口号，这使久久丫鸭脖产品在全国范围内风靡一时。

事实证明，久久丫与青岛啤酒的合作是非常成功的。仅世界杯第一天，久久丫的全国销售量就增长了 70%。上海久久丫部分连锁店的鸭脖脱销。久久丫一个月卖掉了超过 200 万只鸭脖，全国营业额达到 1800 万元，而久久丫为此投入的成本只有 150 万元左右。

由此可见，资源整合的魅力和威力不容小觑，而公司之间只有你来我往，才能互相成就，实现共赢，使资源整合发挥出 "1+1＞2" 的效力。

16.2　整合资源是查漏补缺的智慧

创业者为什么需要整合资源？从表面来看，创业者往往是白手起家，资金、客户、员工等资源都缺。但我们不能仅看到事物的表面，要究其本质。缺钱说明了什么？说明创业者缺乏人脉，找不到优质的合作对象，无法组建一支得力的运作队伍，无法拉到好的项目。缺员工说明了什么？说明创业者缺乏人力资源管理的经验，没有好的吸引人才的策略。因此，创业者整合资源的最终目的是补充自己缺乏的人脉与能力。

那么，什么是整合资源？用一句话说，创业者要梳理自己拥有哪些资源，缺少哪些资源，最大限度地发挥现有资源的价值，去交换自身缺少的资源。创业者需要以公司现状为导向，尽可能地以最小的代价获取有助于公司发展的资源。

判断资源需求的两种方法，如图 16-2 所示。

- 找出所需上下游资源
- 列出资源清单，看看需要什么

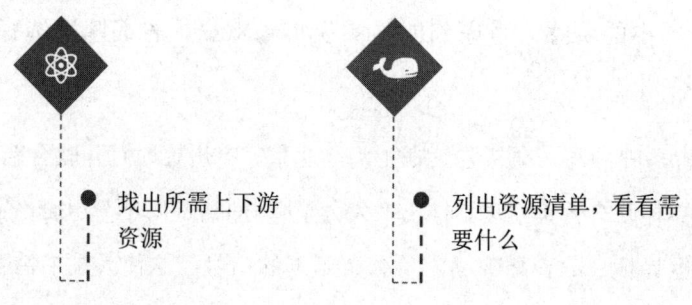

图 16-2　判断资源需求的两种方法

1. 找出所需上下游资源

以制造公司为例，制造公司上游需要原材料、先进技术等与产品研发有关的资源；下游则需要客户、仓储、物流等与产品运输、售卖有关的资源。上下游资源相配套，共同构成了制造公司想要的、缺少的资源。

2. 列出资源清单，看看需要什么

在公司发展的过程中，创业者需要的资源包括但不限于技术、渠道、人力、资金、设备及客户等。每个创业者都不能保证自己同时拥有这些资源。因此，创业者需要梳理出一份资源清单，明确自身的资源优势在哪里，结合公司的现状明确不同阶段重点整合什么资源。在此基础上，创业者还需要为资源定性，明确缺少的资源在谁手里，制定可行的方案，最大化利用现有资源的价值。

作为我国顽强屹立的代表公司——蒙牛，它用了8年时间，将数千万位股民、上亿名消费者与百万名奶农联系在一起，成为一家能"造饭碗"的代表性公司。然而，在蒙牛初创时，创始人牛根生既没有市场，也没有工厂，更没有奶源，还要面对来自内蒙古伊利实业集团股份有限公司（以下简称伊利）的强势竞争。

在这种困境中，牛根生并没有一蹶不振，而是先喊出"向伊利学习"的口号，将他自己在伊利学到的管理经验复制到蒙牛上，他以谦逊的态度为蒙牛争取发展的时间，进而迅速构建产业链。

牛根生借助农村扶贫工程的支持，从农村信用社筹到资金。通过整合个体户买车，解决了蒙牛初期没有运输工具的问题。员工没有宿舍，他就与政府、银行多方协调，筹措资金和用地。农民没有资金，只能贷款买牛，蒙牛就用自己的品牌作包销保证，为农民增添底气。在牛根生和蒙牛的不懈努力下，我国北方地区将近300万名农民都与蒙牛建立了合作关系。

创造资源往往需要几十年甚至几代人的探索与积累。而整合资源能够在尽可能短的时间内汇聚来自几十个、几百个主体的资源，进而为公司的生存和发展带来更多的机会。由此可见，对创业者来说，整合资源无疑是其必须学会的技能。

16.3 打通产业链，延伸上下游

在公司生态化建设方面，打通产业链非常重要。为了扩大商业版图，将更多优秀伙伴纳入自己的生态圈，公司需要打通产业链，延伸上下游。

打通产业链的首要任务是将一般思维转变为整合思维。一般思维和整合思维的区别，如表 16-1 所示。

表 16-1 一般思维和整合思维的区别

一般思维	整合思维
自己创造	整合，让别人为我所用
先获得	先付出
以自己为中心	以对方为中心
先考虑自己想要什么	先考虑对方最想要的
需要对方为自己做什么	需要自己为对方做什么
对方非自愿	对方自愿
整合难度较大	整合较为容易

整合思维的本质是一个人在知道自己想要什么资源及明确这份资源在谁手中后，会以对方为中心，先调查对方想要什么，通过为对方提供需要的资源获得其信任和认可，让对方自愿提供自己需要的资源。换言之，创业者明确自己想要的资源，了解别人想要的资源，通过资源交换获得自己需要的资源，这就是整合思维。

如果创业者把那些单一、弱小的事物整合在一起，就能获得更大的力量。例如，分众传媒是把等电梯的碎片化时间整合在一起，帮助广告主在这段时间内打广告；团购网是把单一的消费者整合起来，使其成为团体，共同购买产品，增加产品的销售机会。

第 16 章　生态化建设：打造商业同盟

张正创办了一家自动化公司，2023 年以来，他感觉到机器人产业不像之前那么火热，此类公司受到的关注也明显比之前少了很多。换言之，机器人产业的发展正在减速，未来，该产业将进入平稳运行阶段。为什么会出现这种情况呢？因为无论是创业者，还是为创业者提供支持的投资者，都变得越来越理性。他们开始从长远的角度考虑整个产业的发展前景。

面对机器人产业进入平稳期这一现实，张正不想坐以待毙。他开始探索新的发展模式，希望拯救自己的公司。经过一段时间的思考，他决定发挥公司的技术优势，以技术为基础打通机器人产业链，整合上下游。因为这样有利于挖掘出机器人产业的利润蓝海。

之前，张正的公司只进行编码器的设计与生产。而现在除了编码器，公司还研发编码器芯片。2023 年上半年，张正的公司成功研发出一款质量很好的编码器芯片。以往该公司的编码器都是搭载国外公司生产的芯片，芯片的价格非常高。而现在公司有了自主研发的芯片，编码器的整体成本大幅降低，公司的竞争力得到提升，进而掌握了机器人产业的主动权。

为了在机器人产业的下游进行布局，2023 年 12 月，该公司推出了面向五金业的机床产品。机床的核心部件是编码器，该公司将编码器安装在机床上，使机床的质量更有保障。另外，因为编码器上的芯片是该公司自主研发的，不用从市场购买，所以该公司生产的机床的市场价格是其他厂商的成本价格，竞争优势非常明显。

综上所述，通过对机器人产业的上下游进行延伸，该公司找到了自己赖以生存的利润蓝海。当其他公司还在集中资源和精力研发机器人时，该公司先行一步，扩大了业务范围，在市场上占据了优势地位，成为市场洗牌之后的真正受益者。

基于我国复杂多变的商业环境，公司想"走出去"，只靠单一的业务是远远不够的，还必须在组织机能上展现出强大的扩张性和整合性。另外，公司的产品、技术、销售、服务、管理能力等要素，以及财务水平等也都必须有优势。一家公司在每一个板块上都极具实力，自然会有更高的竞争力，也能不断降低成本，获得高利润。

16.4 如何跨界合作

跨界合作是生态化建设的显著特点。跨界合作意味着不同的公司或不同的产业之间形成合力，一起突破原有边界，实现突破性战略的广泛应用，推动产品、服务等渗透更多领域，最终形成各类新组合、新突破，变革和颠覆商业模式。

跨界合作是对资源的重新整合与配置，可以实现各类公司和各种产业的资源共享。放眼未来，无论什么类型的公司，都必须牢牢把握新一轮变革机遇，升级发展理念，重组产业架构，通过创新发展模式和提升组织效能，加快推进跨界合作，以找到成本压缩点，实现利润爆发式增长。

跨界合作的重点是什么？下面以传统制造业为例进行说明。随着技术的不断发展，传统制造业通过与大数据、人工智能等技术的跨界合作实现了转型。

1. 技术和生产线"牵手"，生产工艺更精准

在某家工厂的中央控制室内，智能控制器十分亮眼。控制器上有与生产相关的各项数据，也有各种设备的运行情况。该工厂与阿里巴巴旗下的阿里云合作，将数据与"阿里云 ET 工业大脑"连接在一起。"工业大脑"收到数据后，会对数据进行分析和整合，形成直观的数据分析图。图上有很多条曲线，每一条曲线分别代表一个批次的产品。通过收集上百个数据，生产人员可以制定生产工艺设计与优化方案，从而进一步提高产品的质量。

另外，"工业大脑"还能将符合生产需要的数据摘取出来，根据数据分析结果调整生产步骤，帮助生产人员制定最优生产流程。这样不仅可以提高生产效率，还能使产品的质量更稳定。"工业大脑"还能在短时间内分析每一个零件的来源，

并为这些零件设计最优的合成方案。有了阿里云的支持，该工厂实现了"大数据+"生产模式，利润达到上千万元。

2. 技术与制造跨界合作，智能升级不是梦

随着大数据、机器人、物联网等技术的普及，制造业的很多环节，如研发、生产、销售等都"焕然一新"，实现了智能升级与创新变革。

某集团研发了一款智能空调，只要客户使用该智能空调，空调内嵌的智能系统就会实时将运行数据回传至总部。总部的研发人员可以分析这些数据，从这些数据中提取出核心要素，以深入了解消费者，有针对性地研发消费者真正喜欢的产品。例如，2023年，根据智能系统回传的数据，该集团推出了专门为女性设计的"女性空调"。该产品一经推出，短时间内其销售量便突破30万台，市场反响非常不错。

如今，以阿里云、网易云、百度云为代表的公司积极与制造公司合作，帮助制造公司解决发展过程中的要素制约问题，使其尽快实现数字化转型。

其实，跨界合作实现的不只是模式创新，更多的是通过吸收产业内没有或稀缺的资源，不断提高生产效率，降低研发、生产、销售等各环节的成本。在新经济时代，所有公司都可以借助跨界合作降低成本、提高利润。

16.5 生态链并购：战略同盟威力巨大

并购是一种常见的生态化建设手段。并购后，并购方和被并购方都能形成规模效应。这样不仅能提高生产效率，降低生产成本，还可以打通生态链，实现转型升级。通常公司进行并购主要有以下几个目标。

第一，扩大规模，降低生产成本。并购后，公司的规模会扩大。如果管理层可以充分整合通过并购而得到的资源，就能有效降低各个业务环节的成本，并在形成规模效应后进一步形成规模经济。

第二，提高市场占比，抢占优势地位。随着生产效率的提高、管理系统的完善，公司的市场占比和地位都会显著提高，甚至有机会成为行业巨头。例如，滴滴和快滴并购、美团和大众点评并购后，滴滴和美团成为其行业的龙头公司。

第三，实现发展战略，整合业内资源。并购不仅能帮助公司得到其他公司的资产，还可以得到其技术、人才、管理经验、经营模式等各类资源。这些资源是提升公司竞争力、促使公司发展战略顺利落地的重要推动力。

第四，实施多元化战略，完成转型与升级。市场竞争不断加剧，许多公司都在尝试混合并购，即通过并购进入一个新行业。这种并购模式不仅能扩大公司的经营范围和利润空间，还能有效分散原产业的风险。

随着混合并购的进一步发展，生态链并购模式应运而生。该模式将服务于相同客户群体的公司进行重组，实现资源共享，从而打通生态链，实现共同发展。

生态链并购要求至少存在一家核心公司，由核心公司将客户引入生态链系统中，从而实现盈利。这种模式可以同时满足以上 4 种并购目标，被广泛应用于 TMT（Telecommunications，电信；Media，媒体；Technology，科技）行业中。

例如，小米以自身为孵化器，将紫米、华米、云米等多家公司进行半开放式整合，组建战略同盟，打造小米生态链。

目前，生态链并购已经成为公司重要的资本运作方式。创业者需要在合适的时机打通行业生态链，组建战略同盟，从而实现公司发展的战略目标。

16.6　在利益分配机制下深度合作

在生态链建设过程中，生态链上各方之间的关系不可能完全对等，因此，在进行利益分配时可能产生各种各样的问题。要想使各方保持长久的合作关系，就

第16章 生态化建设：打造商业同盟

要在合作初期建立大家都认可的利益分配机制，避免未来因利益分配而引发争论与分裂。

在大多数情况下，各方之间的合作都是基于利益驱使。各方之所以认同合作计划，是因为可以获得相应的利益。因此，利益分配机制越明确，各方之间的利益关系越透明，合作越能够有序开展。

在我国，利益分配机制要符合法律规定。我国是一个法治社会，制度严明，条例清晰，法律会保障合作各方的合法权益。因此，合乎法律的合作，能维持得更长久。

在制定利益分配机制时，各方应尽量将自己投入的资源量化。例如，对于各方提供的资金、技术、渠道、营销知识等资源，通过量化其价值，便能得出各方在合作中贡献的价值及所占比例。然后，各方可以秉持"谁创造价值，谁分配利益"的原则，根据量化后的贡献比例合理分配利益，实现回报与投入对等。

合作时，各方要做到去中心化，但分配利益时，就要有明确的权利归属。合作各方应该在合作之初确定分配利益的决策方，如哪家公司拥有决定性的一票否决权。同时，各方也要提前确定，在无法统一意见时，多数人到达哪个比例可以通过决策，如比例达到 2/3 便可通过决策。

利益分配机制要遵守资本保全原则，即在分配利益时不能侵蚀资本。分配利益建立在产生利润的基础上，如果运营过程中发生了亏损，就应该在弥补亏损的基础上再进行利益分配。

利益分配机制是否合理决定着合作能否继续下去，无论哪一方，都要做到兼顾各方利益，从根本上做到利益分配的公平、公正、公开，不允许任何一方随意多占。

很多公司在分配利益时斤斤计较，这在合作中是不可取的。在合适的时机，聪明的创业者会做出一定的让步。合作的核心是共赢。当公司已经享受到合作的好处，并获得了自己所需资源时，在利益分配时退让一步，反而能赢得更大的发展空间。

当然，即使让步，创业者也要守住自己的底线，做到刚柔相济。这样合作方更能明白创业者的能力与格局，未来也会更愿意与创业者合作，为其公司提供更多资源和助力。

16.7　故步自封导致的创业遗憾

任何一家公司，无论其所占市场大小、发展速度快慢，都不能故步自封，拒绝与他人合作。创业者在关上合作大门的同时，也失去了让公司更好发展的机会。现在人们不论是打出租车、顺风车，还是找代驾，大多时候都会选择滴滴出行，很少有人记得曾经风靡一时的代驾公司——e代驾。

e代驾创始人看准市场，选定酒后代驾这个垂直的创业领域。e代驾用强大的技术、对市场敏锐的嗅觉、极致的市场推广、勇于拼搏的精神成功开拓代驾市场，并成为市场中的领军者。

然而，面对滴滴出行的整合意愿，e代驾选择了拒绝。于是滴滴出行选择强势进入代驾市场，并依靠自己在出行方面的垄断地位迅速抢占了客户。在这场战役中，滴滴出行赢得很轻松。当客户发现经常使用的、功能多样的滴滴出行添加了代驾功能，并在试用后觉得体验不错时，他们就轻易抛弃了功能单一的e代驾。

初创公司收到其他公司的整合请求的时候，应该有整合资源的意识。创业者应该保持良好的大局观与清醒的头脑，认清公司在市场上所处的地位，利用好身边的资源。

很多创业者对整合资源的认知有误区，认为与大公司合作就是被收购或兼并了，因此表现出非常强烈的否定态度。创业者需要明白，收购或兼并属于整合资源的一种形式，但只是其中的一部分。整合资源有很多其他的形式，如整合资金、资源互换、整合人脉等。

创业者对整合资源的另一个误区是认为整合资源是大公司的专属方法，小公司用不到。整合资源不是狭隘的、具体的方法，而是一种实用的理念与思维方式，让创业者在争夺市场时不必孤军奋战、腹背受敌。与大公司合作可以"背靠大树好乘凉"，创业者能得到充足的资金，使用他们早已开拓好的资源；而与身边的小公司合作捆绑可以"众人拾柴火焰高"，扩大共同的市场。

靠个人力量去冲击市场始终是艰难的，创业者可以通过与合作伙伴整合资源来弥补各自的短板，挖掘出新的竞争优势。